ABHANDLUNGEN
DER AKADEMIE DER WISSENSCHAFTEN IN

T0107853

ABHANDLUNGEN
DER AKADEMIE DER WISSENSCHAFTEN
IN GÖTTINGEN

PHILOLOGISCH-HISTORISCHE KLASSE
DRITTE FOLGE
Nr. 130

GÖTTINGEN · VANDENHOECK & RUPRECHT · 1982

Codex Pal. lat. 52

Studien zur Heidelberger Otfridhandschrift,
zum Kicila-Vers und zum Georgslied

Von

Rudolf Schützeichel

GÖTTINGEN · VANDENHOECK & RUPRECHT · 1982

Vorgelegt in der Sitzung vom 16. Januar 1981

CIP - *Kurztitelaufnahme der Deutschen Bibliothek*

Schützeichel, Rudolf:
Codex Pal. lat. 52 : Studien zur Heidelberger Otfridhandschr., zum Kicila-Vers u. zum Georgslied / von Rudolf Schützeichel. – Göttingen : Vandenhoeck und Ruprecht, 1982.
(Abhandlungen der Akademie der Wissenschaften in Göttingen, Philologisch-Historische Klasse ; Folge 3, Nr. 130)
ISBN 3-525-82409-2
NE: Akademie der Wissenschaften ⟨Göttingen⟩ / Philologisch-Historische Klasse: Abhandlungen der Akademie ...

HELMUT DE BOOR

* 24. März 1891   † 4. August 1976

zur neunzigsten Wiederkehr seines Geburtstages

Vorwort

Die folgenden Studien wurden bei den Arbeiten an einem althochdeutschen Wörterbuch, das den Wortschatz der literarischen Denkmäler erfaßt und in dessen zweiter Auflage nachträglich auch der Kicila-Vers zu berücksichtigen war, nach und nach vorbereitet: Rudolf Schützeichel, Althochdeutsches Wörterbuch, Tübingen 1969; Zweite, durchgesehene und ergänzte Auflage, Tübingen 1974; Dritte, durchgesehene und verbesserte Auflage, Tübingen 1981; dazu Jahrbuch der Akademie der Wissenschaften in Göttingen für das Jahr 1974, S. 91–93; 104–106; für das Jahr 1980, S. 86–88.

Der endgültigen Fassung der Studien ist vielfältige Hilfe zugute gekommen, insbesondere von Professor Dr. Severin Corsten/Köln, Dr. Irmgard Frank/Münster, Professor Dr. Maria Hornung/Wien, Professor Dr. Gerhart Lohse/Aachen, Dr. Wolfgang Milde/Wolfenbüttel, Dr. Renate Neumüllers-Klauser/Heidelberg, Professor Mag. P. Cölestin Rapf/Wien, Professor Dr. Martin Sicherl/Münster, Dr. Lothar Voetz M.A./Münster, Dr. Wilfried Werner/Heidelberg und nicht zuletzt von Professor Dr. Matthias Zender/Bonn.

Wichtige Hinweise zu mittelalterlichen historischen Fakten und Problemen, zu den Quellen und zur Literatur werden der Hilfsbereitschaft und dem teilnehmenden Interesse von Professor Dr. Hermann Jakobs/Heidelberg verdankt.

Die Universitätsbibliothek Heidelberg gestattete wiederholt Einsichtnahme des Originals und stellte Kopien und Photographien der fraglichen Seiten bereitwillig zur Verfügung.

Die Studien seien der Erinnerung an Helmut de Boor gewidmet, der die Entstehung des Althochdeutschen Wörterbuches mit freundlicher Aufmerksamkeit begleitet und zur Erforschung des Georgsliedes wichtige Anregungen gegeben hat.

R. Schützeichel

Inhalt

Abkürzungen

ADA.	=	Anzeiger für deutsches Altertum und deutsche Literatur
AH.	=	Analecta Hymnica Medii Aevi
AHVNRh.	=	Annalen des Historischen Vereins für den Niederrhein insbesondere das alte Erzbistum Köln
BNF.	=	Beiträge zur Namenforschung
DA.	=	Deutsches Archiv
FMSt.	=	Frühmittelalterliche Studien
HJB.	=	Historisches Jahrbuch
MGH.	=	Monumenta Germaniae historica
MLN.	=	Modern Language Notes
NF.	=	Neue Folge
PBB.	=	Hermann Paul und Wilhelm Braune, Beiträge zur Geschichte der deutschen Sprache und Literatur
PMLA.	=	Publications of the Modern Language Association of America
RhVB.	=	Rheinische Vierteljahrsblätter
SB.	=	Sitzungsberichte
SS.	=	Scriptores, Scriptorum
ZDA.	=	Zeitschrift für deutsches Altertum und deutsche Literatur
ZDL.	=	Zeitschrift für Dialektologie und Linguistik
ZDPh.	=	Zeitschrift für deutsche Philologie
ZMF.	=	Zeitschrift für Mundartforschung

Literatur

Bruno **Amiet**, Solothurnische Geschichte. Erster Band. Stadt und Kanton Solothurn von der Urgeschichte bis zum Ausgang des Mittelalters, Solothurn 1952

Annales Sangallenses maiores, dicti Hepidanni; edidit Ildefonsus ab Arx, MGH. SS. tomus I. Edidit Georgius Heinricus Pertz, Hannoverae 1826. Nachdruck Stuttgart New York 1963, S. 72–85

Anthologia Graeca. Buch IX–XI. Griechisch-Deutsch ed. Hermann Beckby, Tusculum-Bücherei, München 1958

Ildefonsus ab **Arx** s. Annales Sangallenses maiores

I. von **Arx** s. Rhythmi de Sancto Otmaro

Joh. B. **Aufhauser**, Das Drachenwunder des heiligen Georg in der griechischen und lateinischen Überlieferung. Mit 19 Abbildungen auf 7 Tafeln, Byzantinisches Archiv. Heft 5, Leipzig 1911

Johanne **Autenrieth** s. Das **Verbrüderungsbuch** der Abtei Reichenau

A. **Bachmann** s. Schweizerisches **Idiotikon**

Georg **Baesecke**, Besprechung von: Die ahd. Glossen gesammelt und bearbeitet von Elias Steinmeyer und Eduard Sievers. V. band: Ergänzungen und untersuchungen bearbeitet von Elias von Steinmeyer, ADA. 43 (1924) S. 109–113

Georg **Baesecke**, Das ahd. Schrifttum von Reichenau, PBB. 51 (1927) S. 206–222

Médard **Barth**, Handbuch der elsässischen Kirchen im Mittelalter, Études Générales (Forschungen zur Kirchengeschichte des Elsass) publiées sous les auspices de la Société d'Histoire de l'Église d'Alsace. Nouvelle série — Tome IV, Strasbourg 1960

Karl **Bartsch** s. Die altdeutschen **Handschriften** der Universitäts-Bibliothek in Heidelberg

Karl **Bartsch** s. Das **Nibelungenlied**

Gerhard **Bauer**, Die Flurnamen der Stadt Saarbrücken, Bonn 1957

Hermann **Beckby** s. **Anthologia Graeca**

Hermann **Beckby**, Die griechischen Bukoliker. Theokrit - Moschos - Bion, Beiträge zur Klassischen Philologie. Heft 49, Meisenheim am Glan 1975

Otto **Behaghel**, Zu Otfrid, Germania. Vierteljahrsschrift für deutsche Alterthumskunde 24 (1879) S. 382

Benecke s. Matthias Lexer, Mittelhochdeutsches Handwörterbuch

Georg Friedrich **Benecke** s. Mittelhochdeutsches **Wörterbuch**

M. **Benzerath** s. **Berichtigungen** und Nachträge zu M. Benzerath

Michel **Benzerath**, Statistique des saints Patrons des églises du diocèse de Lausanne au moyen-âge, Zeitschrift für Schweizerische Kirchengeschichte. Revue d'Histoire Ecclésiastique Suisse 6 (1912) S. 81–115; 187–228

Rolf **Bergmann**, Mittelfränkische Glossen. Studien zu ihrer Ermittlung und sprachgeographischen Einordnung. Zweite, durchgesehene und um einen Nachtrag ergänzte Auflage. Mit 16 Karten, Rheinisches Archiv 61, Bonn 1977

Rolf **Bergmann**, Methodische Probleme der Lautverschiebungsdiskussion, Sprachwissenschaft 5 (1980) S. 1–14

Rolf **Bergmann**, Verzeichnis der althochdeutschen und altsächsischen Glossenhandschriften. Mit Bibliographie der Glosseneditionen, der Handschriftenbeschreibungen und der Dialektbestimmungen, Arbeiten zur Frühmittelalterforschung 6, Berlin 1973

Berichtigungen und Nachträge zu M. Benzerath, Statistique des saints patrons des églises du diocèse de Lausanne au moyen âge. Zeitschrift für Schweizerische Kirchengeschichte 1912. Vom Verfasser, Zeitschrift für Schweizerische Kirchengeschichte. Revue d'Histoire Ecclésiastique Suisse 8 (1914) S. 57–60

Karl Heinrich **Bertau** und Rudolf **Stephan**, Rezension: Ewald Jammers, Das mittelalterliche deutsche Epos und die Musik, ADA. 71 (1958/1959) S. 57–73. Wiederabdruck mit Nachtrag 1977: Otfrid von Weißenburg. Herausgegeben von Wolfgang Kleiber, Wege der Forschung. Band CCCCXIX, Darmstadt 1978, S. 193–218

Helmut **Beumann** s. Eugen Ewig, Die Franken am Rhein

Helmut **Beumann** s. Max Pfister, Die Bedeutung des germanischen Superstrates für die sprachliche Ausgliederung der Galloromania

Konrad **Beyerle** s. Th. Längin, Altalemannische Sprachquellen aus der Reichenau

Bernhard **Bischoff** s. Das älteste deutsche **Buch**

Bernhard **Bischoff**, Paläographische Fragen deutscher Denkmäler der Karolingerzeit, FMSt. 5 (1971) S. 101–134

Clemens **Blume** s. **Sequentiae** ineditae

Clemens **Blume** s. **Thesauri** Hymnologici Hymnarium

Helmut de **Boor**, Langzeilen und lange Zeilen in Minnesangs Frühling, ZDPh. 58 (1933) S. 1–49

Helmut de **Boor**, Die deutsche Literatur von Karl dem Großen bis zum Beginn der höfischen Dichtung. 770–1170. Neunte Auflage bearbeitet von Herbert Kolb, Geschichte der deutschen Literatur von den Anfängen bis zur Gegenwart. Erster Band, München 1979

Helmut de **Boor** s. Das **Nibelungenlied**

Helmut de **Boor**, Eine unerklärte Stelle des ahd. Georgsliedes nebst Bemerkungen zu seiner Orthographie und Heimat, Festschrift Josef Quint anläßlich seines 65. Geburtstages überreicht. Herausgegeben von Hugo Moser, Rudolf Schützeichel und Karl Stackmann, Bonn 1964, S. 69–81

J. Knight **Bostock**, The Orthography of the Old High German *Georgslied*, Medium Aevum 5 (1936) S. 189–198

Albertus **Brackmann** s. **Germania** pontificia

Erich **Brandenburg**, Probleme um die Kaiserin Gisela, Berichte über die Verhandlungen der Sächsischen Akademie der Wissenschaften zu Leipzig. Philologisch-historische Klasse. 80. Band. 1928. 4. Heft, Leipzig 1928

Brauer, ‚Georgslied‘, Die deutsche Literatur des Mittelalters. Verfasserlexikon. Band II. Der von Gabelstein-Kyeser, Konrad, Berlin und Leipzig 1936, Sp. 21f.

H. **Brauer**, Die Heidelberger Handschrift von Otfrids Evangelienbuch und das althochdeutsche Georgslied, ZDPh. 55 (1930) S. 261–268

Brauer, Otfrid, Die deutsche Literatur des Mittelalters. Verfasserlexikon. Band III. Laber-Rynstetten, Berlin 1943, Sp. 653–658

Wilhelm **Braune**, Althochdeutsche Grammatik. 13. Auflage. Bearbeitet von Hans Eggers, Tübingen 1975

Wilhelm **Braune** s. Althochdeutsches **Lesebuch**

H. **Bresslau** s. Die **Urkunden** der deutschen Könige und Kaiser. Vierter Band

Harry **Bresslau** s. Die Werke Wipos

Robert **Bruch**, Glossarium Epternacense. Spätalthochdeutsche Glossen aus Echternach. Tatsachen und Quellen. Wörter und Namen, Luxemburg 1964

Das älteste deutsche **Buch**. Die ‚Abrogans‘-Handschrift der Stiftsbibliothek St. Gallen. Im Facsimile herausgegeben und beschrieben von Bernhard Bischoff Johannes Duft Stefan Sonderegger. Mit Transkription des Glossars und des althochdeutschen Anhangs von Stefan Sonderegger, St. Gallen 1977

Hans **Butzmann** s. Die mittelalterlichen **Handschriften** der Gruppen Extravagantes, Novi und Novissimi

Hans **Butzmann** s. Die Weissenburger **Handschriften**

Hans **Butzmann**, Die Weissenburger Handschriften. Einleitung zum Katalog, in: Hans Butzmann, Kleine Schriften. Festgabe zum 70. Geburtstag, Studien zur Bibliotheksgeschichte. Band I, Graz-Austria 1973, S. 48–103

Hans **Butzmann**, Otfrid von Weissenburg im 16. und 17. Jahrhundert, in: Hans Butzmann, Kleine Schriften. Festgabe zum 70. Geburtstag, Studien zur Bibliotheksgeschichte. Band I, Graz-Austria 1973, S. 140–148

Hans **Butzmann**, Vom Schmuck der Heidelberger Otfrid-Handschrift, Bibliotheca docet. Festgabe für Carl Wehmer, Amsterdam 1963, S. 39–44. Wiederabdruck: Hans Butzmann, Kleine Schriften. Festgabe zum 70. Geburtstag, Studien zur Bibliotheksgeschichte. Band I, Graz-Austria 1973, S. 42–47. Wiederabdruck ohne Abbildungen: Otfrid von Weißenburg. Herausgegeben von Wolfgang Kleiber, Wege der Forschung. Band CCCCXIX, Darmstadt 1978, S. 229–238

Catalogus codicum manu scriptorum qui in bibliotheca monasterii B. M. V. ad Scotos Vindobonae servantur. Edidit Albertus Hübl, Wien 1899, Nachdruck Wiesbaden 1970

Codex Laureshamensis. Erster Band. Einleitung Regesten Chronik. Zweiter Band. Kopialbuch, I. Teil: Oberrhein-, Lobden-, Worms-, Nahe- und Speiergau. Dritter Band. Kopialbuch, II. Teil: Die übrigen fränkischen und die schwäbischen Gaue. Güterlisten. Späte Schenkungen und Zinslisten. Gesamtregister. Mit 3 Karten und 4 Schriftproben. Bearbeitet und neu herausgegeben von Karl Glöckner, Arbeiten der historischen Kommission für den Volksstaat Hessen, Darmstadt 1929, 1933, 1936, Neudruck Darmstadt 1975

F. **Cumont**, La plus ancienne légende de saint Georges, Revue de l'Histoire des Religions 114 (1936) S. 5–51

Die religiösen **Dichtungen** des 11. und 12. Jahrhunderts. Nach ihren Formen besprochen und herausgegeben von Friedrich Maurer, Band I, II, III, Tübingen 1964, 1965, 1970

Die **Dichtungen** des Kallimachos. Griechisch und Deutsch. Übertragen, eingeleitet und erklärt von Ernst Howald und Emil Staiger, Zürich 1955

Heinrich **Dittmaier** s. Rheinisches **Wörterbuch**

Johann **Dorn**, Beiträge zur Patrozinienforschung, Archiv für Kulturgeschichte 13 (1917) S. 9–49, 220–255

Guido Maria **Dreves** s. **Hymni** inediti

E. **Dümmler** – E. Sch[röder], Zum ersten bekanntwerden Otfrids, ZDA. 44 (1900) S. 316–319

Johannes **Duft** s. Das älteste deutsche **Buch**

Ernst A. **Ebbinghaus** s. Althochdeutsches **Lesebuch**

Hans **Eggers** s. Wilhelm **Braune**, Althochdeutsche Grammatik

Albert **Ehrhardt** s. Karl **Krumbacher**, Der heilige Georg in der griechischen Überlieferung

Gustav **Ehrismann**, Geschichte der deutschen Literatur bis zum Ausgang des Mittelalters. Erster Teil. Die althochdeutsche Literatur, Handbuch des deutschen Unterrichts an Höheren Schulen. Sechster Band. Erster Teil. Unveränderter Nachdruck der 1932 erschienenen zweiten, durchgearbeiteten Auflage, München 1954

G. **Ehrismann**, Kleinigkeiten, Germania. Vierteljahrsschrift für deutsche Alterthumskunde 37 (1892) S. 104–108

G. **Ehrismann**, Zur althochdeutschen Literatur. Der stil des Georgsliedes, PBB. 34 (1909) S. 177–183

Rudolfus **Ehwald** s. P. **Ovidius Naso**

M. **Enneccerus** s. Die ältesten deutschen **Sprach-Denkmäler**

Oskar **Erdmann** s. Otfrids Evangelienbuch. Herausgegeben und erklärt von Oskar Erdmann

Wolfgang **Erdmann**, Neue Befunde zur Baugeschichte und Wandmalerei in St. Georg zu Reichenau-Oberzell, in: Helmut Maurer (Hrsg.), Die Abtei Reichenau. Neue Beiträge zur Geschichte und Kultur des Inselklosters. Herausgegeben im Auftrag der Gemeinde und der Insel-Pfarreien Reichenau, Sigmaringen 1974, S. 577–590

Eugen **Ewig**, Die Franken am Rhein. Bemerkungen zu: Hans Kuhn, Das Rheinland in den germanischen Wanderungen, Aspekte der Nationenbildung im Mittelalter. Ergebnisse der Marburger Rundgespräche 1972–1975. Herausgegeben von Helmut Beumann und Werner Schröder, Nationes. Historische und philologische Untersuchungen zur Entstehung der europäischen Nationen im Mittelalter. Band I, Sigmaringen 1978, S. 109–126

Hans **Färber** s. Q. **Horatius Flaccus**

Hans Constantin **Faußner**, Kuno von Öhningen und seine Sippe in ottonisch-salischer Zeit, DA. 37 (1981) S. 20–139

Sigmund **Feist**, Vergleichendes Wörterbuch der gotischen Sprache mit Einschluss des Krimgotischen und sonstiger zerstreuter Überreste des Gotischen. Dritte neubearbeitete und vermehrte Auflage, Leiden 1939

Egon **Felder**, Zu den merowingischen Münzmeisternamen CHAREGAUCIUS und GAUCEMARE, BNF. NF. 5 (1970) S. 14–22

Evelyn Scherabon **Firchow** s. Die Murbacher Hymnen

Hanns **Fischer** s. Schrifttafeln zum althochdeutschen Lesebuch

Hermann **Fischer** s. Schwäbisches Wörterbuch

Ernst **Förstemann**, Altdeutsches Namenbuch. Erster Band. Personennamen. Nachdruck der zweiten, völlig umgearbeiteten Auflage, München. Hildesheim 1966

Die **Formen**- und Lautlehre der Sprache Otfrids. Bearbeitet von Johann Kelle. Mit sechs Tafeln Schriftproben, Otfrids von Weissenburg Evangelienbuch. Text Einleitung Grammatik Metrik Glossar. Zweiter Band, Neudruck der Ausgabe 1869, Aalen 1963

Johannes **Franck**, Altfränkische Grammatik. Laut- und Flexionslehre. Zweite Auflage von Rudolf Schützeichel, Göttingen 1971

J. **Franck** s. Rheinisches Wörterbuch

Irmgard **Frank**, Die althochdeutschen Glossen der Handschrift Leipzig Rep. II. 6, Arbeiten zur Frühmittelalterforschung. 7. Band, Berlin. New York 1974

J. **Friedrich**, Der geschichtliche Heilige Georg, SB. der philosophisch-philologischen und der historischen Classe der k. b. Akademie der Wissenschaften zu München. Jahrgang 1899. Zweiter Band, München 1900, S. 159–203

Henning von **Gadow**, Rheinische Ortsnamen und Quellenkritik, BNF. NF. 10 (1975) S. 46–63

A[chilles] P[irminius] G[assar] s. Liber euangeliorum Christi

Der Heilige **Georg** des Reinbot von Durne. Mit einer Einleitung über die Legende und das Gedicht. Herausgegeben und erklärt von Ferdinand Vetter, Halle a. S. 1896

Der heilige **Georg** Reinbots von Durne. Nach sämtlichen Handschriften herausgegeben von Carl von Kraus, Germanische Bibliothek. Dritte Abteilung. Kritische Ausgaben altdeutscher Texte. Erster Band, Heidelberg 1907

Germania pontificia sive repertorium privilegiorum et litterarum a Romanis pontificibus ante annum MCLXXXXVIII Germaniae ecclessiis monasteriis civitatibus singulisque personis concessorum iubente societate Gottingensi opes possigentibus curatoribus legati Wedekindiani congessit Albertus Brackmann. Vol. II. Provincia Maguntinensis. Pars I. Dioceses Eichstetensis, Augustensis, Constantiensis I; Pars II. Helvetia Pontificia. Provincia Maguntinensis. Pars II. Dioeceses Constantiensis II et Curiensis et episcopatus Sedunensis, Genevensis, Lausannensis, Basiliensis, Regesta pontificum Romanorum, Berolini 1923, 1927, Neudruck Berlin 1960

Die **Germania** des Tacitus. Erläutert von Rudolf Much. 7. V. 1862 – 8. III. 1936. Dritte, beträchtlich erweiterte Auflage, unter Mitarbeit von Herbert Jankuhn herausgegeben von Wolfgang Lange. Mit 24 Abbildungen auf 20 Tafeln und drei Faltkarten, Germanische Bibliothek. Fünfte Reihe. Handbücher und Gesamtdarstellungen zur Literatur- und Kulturgeschichte, Heidelberg 1967

Hans Joachim **Gernentz** s. Althochdeutsche Literatur

Dieter **Geuenich**, Die Personennamen der Klostergemeinschaft von Fulda im früheren Mittelalter, Münstersche Mittelalter-Schriften Band 5, München 1976

Dieter **Geuenich** s. Das Verbrüderungsbuch der Abtei Reichenau

Douglas J. **Gillam**, A Note on the Old High German *Georgslied*, Medium Aevum 7 (1938) S. 76–78

Karl **Glöckner** s. Codex Laureshamensis

Die althochdeutschen **Glossen**. Gesammelt und bearbeitet von Elias Steinmeyer und Eduard Sievers. Erster Band. Glossen zu biblischen Schriften, 1879, unveränderter Nachdruck Dublin/Zürich 1968; Zweiter Band. Glossen zu nichtbiblischen Schriften, 1882, unveränderter Nachdruck Dublin/Zürich 1969; Dritter Band. Sachlich geordnete Glossare, 1895, unveränderter Nachdruck Dublin/Zürich 1969; Vierter Band. Alphabetisch geordnete Glossare. Adespota. Nachträge zu Band I–III. Handschriftenverzeichnis, 1898, unveränderter Nachdruck Dublin/Zürich 1969; Fünfter Band. Ergänzungen und Untersuchungen, 1922, unveränderter Nachdruck Dublin/Zürich 1969

Althochdeutsche **Glossen** zum Alten Testament. Genesis – Deuteronomium – Numeri – Josue – Judicum. Herausgegeben von Herbert Thoma, Altdeutsche Textbibliothek Nr. 82, Tübingen 1975

E. G. **Graff** s. Althochdeutscher **Sprachschatz**

Grienberger, Althochdeutsche texterklärungen III. 18. Georgslied, PBB. 47 (1928) S. 455–470

Jacob **Grimm** und Wilhelm **Grimm**, Deutsches Wörterbuch. Achter Band. R-Schiefe. Bearbeitet von und unter Leitung von Moriz Heyne, Leipzig 1893

O. **Gröger** s. Schweizerisches **Idiotikon**

J. Sidney **Groseclose** – Brian O. **Murdoch**, Die althochdeutschen poetischen Denkmäler, Sammlung Metzler Band 140, Stuttgart 1976

J. Sidney **Groseclose** s. R. **Sch[ützeichel]**, Besprechung von: J. Sidney Groseclose – Brian O. Murdoch, Die althochdeutschen poetischen Denkmäler

von **Gutschmid**, Die Sage vom h. Georg, als Beitrag zur iranischen Mythengeschichte, Berichte über die Verhandlungen der Königlich Sächsischen Gesellschaft der Wissenschaften zu Leipzig. Philologisch-Historische Classe. Dreizehnter Band. Mit 16 Tafeln. Leipzig 1861, S. 175–202

Kurt Herbert **Halbach**, Epik des Mittelalters, Deutsche Philologie im Aufriß. 2. überarbeitete Auflage. Unter Mitarbeit zahlreicher Fachgelehrter herausgegeben von Wolfgang Stammler. Band II, Berlin 1960, Sp. 397–684

Die altdeutschen **Handschriften** der Universitäts-Bibliothek in Heidelberg. Verzeichnet und beschrieben von Karl Bartsch, Katalog der Handschriften der Universitäts-Bibliothek in Heidelberg. Band I, Heidelberg 1887

Die Helmstedter **Handschriften**. Beschrieben von Otto von Heinemann. 1. Codex Guelferbytanus 1 Helmstadiensis bis 500 Helmstadiensis. 2. Codex Guelferbytanus 501 Helmstadiensis bis 1000 Helmstadiensis. 3. Codex Guelferbytanus 1001 bis 1438 Helmstadiensis, Kataloge der Herzog-August-Bibliothek Wolfenbüttel. Die Alte Reihe. Nachdruck der Ausgabe 1884–1913. Erster Band. Zweiter Band. Dritter Band, Frankfurt am Main 1963, 1965, 1965

Die mittelalterlichen **Handschriften** der Gruppen Extravagantes, Novi und Novissimi. Beschrieben von Hans Butzmann, Kataloge der Herzog August Bibliothek Wolfenbüttel. Die Neue Reihe. Der ganzen Reihe fünfzehnter Band, Frankfurt am Main 1972

Mittelalterliche **Handschriften** der Herzog August Bibliothek. 120 Abbildungen. Ausgewählt und erläutert von Wolfgang Milde, Kataloge der Herzog August Bibliothek Wolfenbüttel. Sonderband 1, Frankfurt am Main 1972

Die Weissenburger **Handschriften**. Neu beschrieben von Hans Butzmann, Kataloge der Herzog-August-Bibliothek Wolfenbüttel. Die Neue Reihe. Zehnter Band, Frankfurt am Main 1964

Hannemann, ‚Georgslied‘ (Nachtrag), Die deutsche Literatur des Mittelalters. Verfasserlexikon. Band V. Nachträge, Berlin 1955, Sp. 254

Wolfgang **Haubrichs**, Georgslied und Georgslegende im frühen Mittelalter. Text und Rekonstruktion, Theorie – Kritik – Geschichte. Band 13, Königstein Ts. 1979

Wolfgang **Haubrichs**, Zur Herkunft der ‚Altdeutschen (Pariser) Gespräche‘, ZDA. 101 (1972) S. 86–103

Wolfgang **Haubrichs**, Die Kultur der Abtei Prüm zur Karolingerzeit. Studien zur Heimat des althochdeutschen Georgsliedes, Rheinisches Archiv 105, Bonn 1979

W. **Haubrichs**, Die Weißenburger Mönchslisten der Karolingerzeit, Zeitschrift für die Geschichte des Oberrheins 118 (1970) S. 1–42

Wolfgang **Haubrichs** s. Wolf-Rüdiger **Schleidgen**, Besprechung von: Wolfgang Haubrichs, Die Kultur der Abtei Prüm zur Karolingerzeit

Wolfgang **Haubrichs**, Eine prosopographische Skizze zu Otfrid von Weißenburg, Otfrid von Weißenburg. Herausgegeben von Wolfgang Kleiber, Wege der Forschung. Band CCCCXIX, Darmstadt 1978, S. 397–413

Wolfgang **Haubrichs**, Neue Zeugnisse zur Reichenauer Kultgeschichte des neunten Jahrhunderts, Zeitschrift für die Geschichte des Oberrheins 126 (1978) S. 1–43

Moriz **Haupt** s. Des Minnesangs Frühling. Unter Benutzung der Ausgaben von Karl Lachmann und Moriz Haupt, Friedrich Vogt und Carl von Kraus bearbeitet von Hugo Moser und Helmut Tervooren

Josef und Konrad **Hecht**, Die frühmittelalterliche Wandmalerei des Bodenseegebietes 1, 2, Sigmaringen 1979

Otto von **Heinemann** s. Die Helmstedter Handschriften

Karl **Helm** s. Althochdeutsches Lesebuch

W. **Heraeus** s. M. Valerii Martialis epigrammaton libri

A. **Hessel** s. Die Urkunden der deutschen Könige und Kaiser. Vierter Band

Moriz **Heyne** s. Jacob Grimm und Wilhelm **Grimm**, Deutsches Wörterbuch

Eduard **Hlawitschka**, Die Anfänge des Hauses Habsburg-Lothringen. Genealogische Untersuchungen zur Geschichte Lothringens und des Reiches im 9., 10. und 11. Jahrhundert, Veröffentlichungen der Kommission für saarländische Landesgeschichte und Volksforschung IV, Saarbrücken 1969

Eduard **Hlawitschka**, Beiträge und Berichte zur Bleitafelinschrift aus dem Grab der Kaiserin Gisela, HJB. 97/98 (1978) S. 439–445

Josef **Hofmann**, Altenglische und althochdeutsche Glossen aus Würzburg und dem weiteren angelsächsischen Missionsgebiet, PBB. 85 (Halle 1963) S. 27–131, 456

Q. **Horatius Flaccus**, Sermones et Epistulae. Übersetzt und zusammen mit Hans Färber bearbeitet von Wilhelm Schöne, Horaz. Sämtliche Werke. Lateinisch und deutsch. 2, Tusculum-Bücherei, Neuausgabe München 1967, Nachdruck 1970

Ernst **Howald** s. Die Dichtungen des Kallimachos

Michael **Huber**, Zur Georgslegende, Festschrift zum XII. Allgemeinen Deutschen Neuphilologentage in München, Pfingsten 1906. Herausgegeben im Auftrage des Bayerischen Neuphilologen-Verbandes von E. Stollreither, Erlangen 1906, S. 175–235

Albertus **Hübl** s. Catalogus codicum manu scriptorum qui in bibliotheca monasterii B. M. V. ad Scotos Vindobonae servantur

Johannes A. **Huisman**, Die Pariser Gespräche, RhVB. 33 (1969) S. 272–296

Hymni inediti. Liturgische Hymnen des Mittelalters aus handschriftlichen Breviarien, Antiphonalien und Processionalien herausgegeben von Guido Maria Dreves, AH. 4 (1888) S. 1–270

Schweizerisches **Idiotikon**. Wörterbuch der schweizerdeutschen Sprache. Gesammelt auf Veranstaltung der Antiquarischen Gesellschaft in Zürich unter Beihülfe des Schweizervolkes. Herausgegeben mit Unterstützung des Bundes und der Kantone. Begonnen von Friedrich Staub und Ludwig Tobler. Achter Band. Bearbeitet von A. Bachmann und E. Schwyzer, O. Gröger, Frauenfeld 1920

Inventario dei libri stampati Palatino-Vaticani. Edito per ordine di S. S. Leone XIII P. M. da Enrico Stevenson Giuniore. Volume II – Parte II, Bibliotheca Apostolica Vaticana iussu Leonis XIII P. M. descripta, Roma 1891

Hermann **Jakobs**, Der Adel in der Klosterreform von St. Blasien, Kölner Historische Abhandlungen Band 16, Köln Graz 1968

Ewald **Jammers** s. Karl Heinrich **Bertau** und Rudolf **Stephan**, Rezension

Ewald **Jammers**, Das mittelalterliche deutsche Epos und die Musik, Heidelberger Jahrbücher 1 (1957) S. 31–68, 85–90. Wiederabdruck mit Nachtrag (März 1974): Otfrid von Weißenburg. Herausgegeben von Wolfgang Kleiber, Wege der Forschung. Band CCCCXIX, Darmstadt 1978, S. 114–192

Ewald **Jammers** s. Tafeln zur Neumenschrift

Herbert **Jankuhn** s. Die Germania des Tacitus

Johannes **Janota**, Studien zu Funktion und Typus des deutschen geistlichen Liedes im Mittelalter, Münchener Texte und Untersuchungen zur deutschen Literatur des Mittelalters. Band 23, München 1968

Fridolin **Jehle**, Die Geschichte des Stiftes Säckingen. Band 1, Geschichte der Stadt Säckingen. Archiv-Ausgabe. Teil II Nr. 207/250, Säckingen 1969

M. H. Jellinek s. J. Seemüller, Studie zu den Ursprüngen der altdeutschen Historiographie

Kallimachos s. Die Dichtungen des Kallimachos

Friedrich Kauffmann, Über althochdeutsche Orthographie, Germania 37 (1892) S. 243-264

Johann Kelle s. Die Formen- und Lautlehre der Sprache Otfrids

Johann Kelle s. Otfrids von Weissenburg Evangelienbuch

Adelbert v. Keller s. Schwäbisches Wörterbuch

Hagen Keller, Kloster Einsiedeln im ottonischen Schwaben, Forschungen zur oberrheinischen Landesgeschichte. Band XIII, Freiburg im Breisgau 1964

Richard Kienast, Die deutschsprachige Lyrik des Mittelalters, Deutsche Philologie im Aufriß. 2. überarbeitete Auflage. Unter Mitarbeit zahlreicher Fachgelehrter herausgegeben von Wolfgang Stammler, Band II, Berlin 1960, Sp. 1–132

Paul Kläui, Zur Frühgeschichte der Ufenau und der Kirchen am obern Zürichsee, in: Paul Kläui, Ausgewählte Schriften, Mitteilungen der Antiquarischen Gesellschaft in Zürich, Band 43, Heft 1 (129. Neujahrsblatt), Zürich 1965, S. 30–43

Wolfgang Kleiber s. Karl Heinrich Bertau und Rudolf Stephan, Rezension

Wolfgang Kleiber s. Hans Butzmann, Vom Schmuck der Heidelberger Otfrid-Handschrift

Wolfgang Kleiber s. Wolfgang Haubrichs, Eine prosopographische Skizze zu Otfrid von Weißenburg

Wolfgang Kleiber s. Ewald Jammers, Das mittelalterliche deutsche Epos und die Musik

Wolfgang Kleiber, Otfrid von Weißenburg. Untersuchungen zur handschriftlichen Überlieferung und Studien zum Aufbau des Evangelienbuches, Bibliotheca Germanica 14, Bern und München 1971

Wolfgang Kleiber s. Christoph Petzsch, Otfrids ‚Cantus lectionis'

Friedrich Kluge, Etymologisches Wörterbuch der deutschen Sprache, 21. Auflage, Berlin 1975

Rudolf Koegel, Geschichte der deutschen Litteratur bis zum Ausgange des Mittelalters. Erster Band. Bis zur Mitte des elften Jahrhunderts. Erster Teil. Die stabreimende Dichtung und die gotische Prosa, Straßburg 1894; Zweiter Teil. Die endreimende Dichtung und die Prosa der althochdeutschen Zeit, Straßburg 1897

B. Kötting, Georg, hl., Lexikon für Theologie und Kirche. Zweite, völlig neu bearbeitete Auflage. Vierter Band. Faith and Order bis Hannibaldis, Freiburg 1960, Sp. 690–692

Herbert Kolb s. Helmut de Boor, Die deutsche Literatur von Karl dem Großen bis zum Beginn der höfischen Dichtung

P. R. Kolbe, Variation in the Old German Post-Otfridian Poems, MLN. 31 (1916) S. 19–23

Carl von Kraus s. Der heilige Georg Reinbots von Durne

Carl von Kraus s. Des Minnesangs Frühling. Unter Benutzung der Ausgaben von Karl Lachmann und Moriz Haupt, Friedrich Vogt und Carl von Kraus bearbeitet von Hugo Moser und Helmut Tervooren

C. Kraus s. J. Seemüller, Studie zu den Ursprüngen der altdeutschen Historiographie

Karl Krumbacher, Der heilige Georg in der griechischen Überlieferung. Aus dem Nachlasse des Verfassers herausgegeben von Albert Ehrhard mit 3 Tafeln, Abhandlungen der Königlich Bayerischen Akademie der Wissenschaften. Philosophisch-philologische und historische Klasse. XXV. Band, 3. Abhandlung, München 1911

Norbert Kruse, Die Kölner volkssprachige Überlieferung des 9. Jahrhunderts mit 7 Karten und 11 Abbildungen, Rheinisches Archiv 95, Bonn 1976

Karl Künstle, Die Kunst des Klosters Reichenau im IX. und X. Jahrhundert und der neuentdeckte karolingische Gemäldezyklus zu Goldbach bei Überlingen. Zweite Ausgabe, Freiburg i. Br. 1924

Hans Kuhn, Kleine Schriften. Aufsätze und Rezensionen aus den Gebieten der germanischen und nordischen Sprach-, Literatur- und Kulturgeschichte. Vierter Band. Aufsätze aus den Jahren 1968–1976, Berlin. New York 1978

Hans Kuhn s. R[udolf] Sch[ützeichel], Besprechung von: Hans Kuhn, Kleine Schriften

Fridericus **Kurze** s. **Reginonis** abbatis Prumiensis chronicon

Karl **Lachmann** s. Des **Minnesangs** Frühling. Unter Benutzung der Ausgaben von Karl Lachmann und Moriz Haupt, Friedrich Vogt und Carl von Kraus bearbeitet von Hugo Moser und Helmut Tervooren

Th. **Längin**, Altalemannische Sprachquellen aus der Reichenau, Die Kultur der Abtei Reichenau. Erinnerungsschrift zur zwölfhundertsten Wiederkehr des Gründungsjahres des Inselklosters. 724–1924. Herausgegeben von Konrad Beyerle in 2 Halbbänden. Halbband 2. Mit 1 Plan und 6 Wappentafeln. Neudruck der Ausgabe München 1925, Aalen 1970, S. 684–702

Wolfgang **Lange** s. Die **Germania** des Tacitus

Paul **Lehmann**, Erforschung des Mittelalters. Ausgewählte Abhandlungen und Aufsätze. Band V, Stuttgart 1962

Paul **Lehmann**, Eine Geschichte der alten Fuggerbibliotheken. I. Teil, Schwäbische Forschungsgemeinschaft bei der Kommission für Bayerische Landesgeschichte. Reihe 4 Band 3. Studien zur Fuggergeschichte Band 12, Tübingen 1956; II. Teil. Quellen und Rekonstruktionen, Schwäbische Forschungsgemeinschaft bei der Kommission für Bayerische Landesgeschichte. Reihe 4 Band 5. Studien zur Fuggergeschichte Band 15, Tübingen 1960

Albert **Leitzmann**, Studien zu Freidanks Bescheidenheit, SB. der Deutschen Akademie der Wissenschaften zu Berlin. Philosophisch-historische Klasse. Jahrgang 1948 Nr. II, Berlin 1950

Otto **Lerche**, Das älteste Ausleihverzeichnis einer deutschen Bibliothek, Zentralblatt für Bibliothekswesen 27 (1910) S. 441–450

Althochdeutsches **Lesebuch**. Zusammengestellt und mit Wörterbuch versehen von Wilhelm Braune. Fortgeführt von Karl Helm. 16. Auflage. Bearbeitet von Ernst A. Ebbinghaus, Tübingen 1979

Fridericus Waltharius **Levy** s. P. **Ovidius** Naso

Matthias **Lexer**, Mittelhochdeutsches Handwörterbuch. Zugleich als Supplement und alphabetischer Index zum Mittelhochdeutschen Wörterbuch von Benecke – Müller – Zarncke. Erster Band. A-M, Leipzig 1872. Zweiter Band. N-U, Leipzig 1876. Dritter Band. VF-Z. Nachträge, Leipzig 1878, Nachdruck Stuttgart 1974

Liber euangeliorum Christi rithmis in theodiscam linguam uersus. Finff buecher dis heiligen Euangelij / von vnserm herren vnd heilandt Christo / uß den fier Euangelisten / mit altfrenckischen Tijtschen rimen / vor siben hundert iaren / durch minch Ottfriden von Wyssenburch zu Sant Gallen Beschriben. Transsumptus a me A.P.G.L. hieme anni salutis 1560 Augstburgi, in summa Asmodei vexatione. C.B. I.

Libri confraternitatum Sancti Galli Augiensis Fabariensis. Edidit Paulus Piper, MGH., Berolini 1884

Althochdeutsche **Literatur** von der „Benediktinerregel" zum „Ezzolied". Eine Auswahl. Herausgegeben und übertragen von Hans Joachim Gernentz, Berlin 1979

A. van **Loey**, Middelnederlandse Spraakkunst. II. Klankleer. Zesde herziene uitgave, Groningen 1971

Gerhart **Lohse**, Einiges über mittelalterliche deutsche Büchertitel, Bibliothekswelt und Kulturgeschichte. Eine internationale Festgabe für Joachim Wieder zum 65. Geburtstag dargebracht von seinen Freunden. Herausgegeben von Peter Schweigler, München 1977, S. 171–186

Max **Manitius**, Geschichte der lateinischen Literatur des Mittelalters. Zweiter Teil. Von der Mitte des zehnten Jahrhunderts bis zum Ausbruch des Kampfes zwischen Kirche und Staat. Mit Index, Handbuch der Altertumswissenschaft. Neunter Band, zweite Abteilung, 2. Teil, München 1923

M. Valerii **Martialis** epigrammaton libri. Recognovit W. Heraeus, Lipsiae 1925

Klaus **Matzel**, Untersuchungen zur Verfasserschaft, Sprache und Herkunft der althochdeutschen Übersetzungen der Isidor-Sippe, Rheinisches Archiv 75, Bonn 1970

John E. **Matzke**, Contributions to the History of the Legend of Saint George, with Special Reference to the Sources of the French, German and Anglo-Saxon Metrical Versions, PMLA. 17 (1902) S. 464–535; 18 (1903) S. 99–171

John E. Matzke, The Legend of Saint George; its Development into a Roman d'Aventure, PMLA. 19 (1904) S. 449–478

Friedrich Maurer s. Die religiösen Dichtungen des 11. und 12. Jahrhunderts

Friedrich Maurer, Zur Geistlichendichtung des Mittelalters, Fragen und Forschungen im Bereich und Umkreis der germanischen Philologie. Festgabe für Theodor Frings zum 70. Geburtstag. 23. Juli 1956, Deutsche Akademie der Wissenschaften zu Berlin. Veröffentlichungen des Instituts für Deutsche Sprache und Literatur 8, Berlin 1956, S. 338–348. Wiederabdruck: Friedrich Maurer, Dichtung und Sprache des Mittelalters. Gesammelte Aufsätze. Zweite, stark erweiterte Auflage, Bern und München 1971, S. 214–223

Helmut Maurer s. Wolfgang Erdmann, Neue Befunde zur Baugeschichte und Wandmalerei in St. Georg zu Reichenau-Oberzell

Helmut Maurer, Der Herzog von Schwaben. Grundlagen, Wirkungen und Wesen seiner Herrschaft in ottonischer, salischer und staufischer Zeit, Sigmaringen 1978

Hans Eberhard Mayer s. Die Urkunden der burgundischen Rudolfinger

Hartwig Mayer, Althochdeutsche Glossen: Nachträge. Old High German Glosses: A Supplement, Toronto and Buffalo [ohne Jahr]

Karl Meisen s. Rheinisches Wörterbuch

Hubertus Menke, Das Namengut der frühen karolingischen Königsurkunden. Ein Beitrag zur Erforschung des Althochdeutschen, BNF. NF. Beiheft 19, Heidelberg 1980

R. Meringer s. J. Seemüller, Studie zu den Ursprüngen der altdeutschen Historiographie

Adolf Merton, Die Buchmalerei in St. Gallen vom neunten bis zum elften Jahrhundert, Leipzig 1912

Wolfgang Milde s. Mittelalterliche Handschriften der Herzog August Bibliothek

Des Minnesangs Frühling. Unter Benutzung der Ausgaben von Karl Lachmann und Moriz Haupt, Friedrich Vogt und Carl von Kraus bearbeitet von Hugo Moser und Helmut Tervooren. I. Texte; II. Editionsprinzipien, Melodien, Handschriften, Erläuterungen, 36. Auflage, Stuttgart 1977

Walther Mitzka, Beiträge zur hessischen Mundartforschung, Gießener Beiträge zur deutschen Philologie 87, Gießen 1946

Leo Cunibert Mohlberg, Mittelalterliche Handschriften, Katalog der Handschriften der Zentralbibliothek Zürich. I, Zürich 1952

Günter Moldaenke, Flacius, Neue Deutsche Biographie. Fünfter Band. Falck-Fyner (Voran: Faistenberger), Berlin 1961, Nachdruck 1971, S. 220–222

Hugo Moser s. Helmut de Boor, Eine unerklärte Stelle des ahd. Georgsliedes

Hugo Moser s. Des Minnesangs Frühling. Unter Benutzung der Ausgaben von Karl Lachmann und Moriz Haupt, Friedrich Vogt und Carl von Kraus bearbeitet von Hugo Moser und Helmut Tervooren

Hugo Moser s. Werner Schröder, Zum Begriff der ‚binnengereimten Langzeile'

Rudolf Much s. Die Germania des Tacitus

R. Much s. J. Seemüller, Studie zu den Ursprüngen der altdeutschen Historiographie

Müller s. Matthias Lexer, Mittelhochdeutsches Handwörterbuch

Josef Müller s. Rheinisches Wörterbuch

Wilhelm Müller s. Mittelhochdeutsches Wörterbuch

Die Murbacher Hymnen. Nach der Handschrift herausgegeben von Eduard Sievers. Mit einer Einführung von Evelyn Scherabon Firchow, Classics in Germanic Literatures and Philosophy, New York. London 1972

Brian O. Murdoch s. J. Sidney Groseclose – Brian O. Murdoch, Die althochdeutschen poetischen Denkmäler

Brian O. Murdoch s. R. Sch[ützeichel], Besprechung von: J. Sidney Groseclose – Brian O. Murdoch, Die althochdeutschen poetischen Denkmäler

Elmar Neuß, Westfränkische Personennamen. Probleme ihrer Analyse und Auswertung für die Sprachgeschichte, BNF. NF. 13 (1978) S. 121–174

Das Nibelungenlied. Nach der Ausgabe von Karl Bartsch herausgegeben von Helmut de Boor. Einundzwanzigste revidierte und von Roswitha Wisniewski ergänzte Auflage, Deutsche Klassiker des Mittelalters, Wiesbaden 1979

Arnold **Nüscheler**, Die Gotteshäuser der Schweiz. Historisch-antiquarische Forschungen. Erstes Heft. Bisthum Chur, Zürich 1864; Zweites Heft. Bisthum Constanz. Erste Abtheilung. Archidiaconate Breisgau, Klettgau, vor dem Schwarzwald und Thurgau, Zürich 1867; Drittes Heft. Bisthum Constanz. Zweite Abtheilung. Archidiaconat Zürichgau, Zürich1873

Ernst **Ochs**, Zwei dunkle Stellen im Georgslied, PBB. 46 (1922) S. 333–336

Otfridi Evangeliorum Liber: veterum Germanorum grammaticae poesos, theologiae, praeclarum monimentum. Euangelien Buch / in altfrenckischen reimen / durch Otfriden von Weissenburg / Münch zu S. Gallen / vor sibenhundert jaren beschriben: Jetz aber mit gunst deß gestrengen ehrenuesten herrn Adolphen Herman Riedesel / Erbmarschalck zu Hessen / der alten Teutschen spraach und gottsforcht zuerlernen / in truck verfertiget, Basileae 1571

Otfrids Evangelienbuch. Mit Einleitung, erklärenden Anmerkungen, ausführlichem Glossar und einem Abriß der Grammatik herausgegeben von Paul Piper. I. Theil: Einleitung und Text. Zweite, durch Nachträge erweiterte Ausgabe, Freiburg i.B. und Tübingen 1882; II. Theil: Glossar und Abriß der Grammatik, Freiburg i.B. und Tübingen 1884

Otfrids Evangelienbuch. Herausgegeben und erklärt von Oskar Erdmann, Germanistische Handbibliothek V, Halle a.S. 1882

Otfrids von Weissenburg Evangelienbuch. Text und Einleitung von Johann Kelle, Otfrids von Weissenburg Evangelienbuch. Text Einleitung Grammatik Metrik Glossar. Erster Band, Neudruck der Ausgabe 1856, Aalen 1963

P. **Ovidius** Naso. Vol. III. Fasc. 1. Tristium libri V Ibis Ex Ponto libri IV. Ediderunt Rudolfus Ehwald et Fridericus Waltharius Levy, Lipsiae 1922

Georgius Heinricus **Pertz** s. **Annales** Sangallenses maiores

Georgius Heinricus **Pertz** s. **Rhythmi** de Sancto Otmaro

Manfred **Peters**, Der Linguist Conrad Gessner und seine Bemühungen um die althochdeutschen Sprachdenkmäler, Sprachwissenschaft 2 (1977) S. 470–485

Christoph **Petzsch**, Otfrids ‚Cantus lectionis‘, Euphorion 56 (1962) S. 397–401. Wiederabdruck mit Nachtrag: Otfrid von Weißenburg. Herausgegeben von Wolfgang Kleiber, Wege der Forschung. Band CCCCXIX, Darmstadt 1978, S. 219–228

Max **Pfister**, Die Bedeutung des germanischen Superstrates für die sprachliche Ausgliederung der Galloromania, Aspekte der Nationenbildung im Mittelalter. Ergebnisse der Marburger Rundgespräche 1972–1975. Herausgegeben von Helmut Beumann und Werner Schröder, Nationes. Historische und philologische Untersuchungen zur Entstehung der europäischen Nationen im Mittelalter. Band I, Sigmaringen 1978, S. 127–170

Wilhelm **Pfleiderer** s. Schwäbisches **Wörterbuch**

Paulus **Piper** s. **Libri** confraternitatum

Paul **Piper** s. **Otfrids** Evangelienbuch

Hermann **Pongs**, Das Hildebrandslied, Ueberlieferung und Lautstand im Rahmen der ahd. Literatur, Dissertation Marburg 1913

Wilhelm **Preger**, Matthias Flacius Illyricus und seine Zeit. Erste Hälfte. Zweite Hälfte. Nachdruck der Ausgabe Erlangen, 1859–1861, Hildesheim Nieuwkoop 1964

Reginonis abbatis Prumiensis chronicon cum continuatione Treverensi. Recognovit Fridericus Kurze, MGH. SS. rerum Germanicarum in usum scholarum, Hannoverae 1890

Adolf **Reinle**, Die heilige Verena von Zurzach. Legende. Kult. Denkmäler. Inaugural-Dissertation zur Erlangung der Doktorwürde der Philosophisch-Historischen Fakultät der Universität Basel, Basel 1948

Beati **Rhenani** Selestadiensis rerum Germanicarum libri tres, Basileae 1531. Neue Auflage Basileae 1551

Rhythmi de Sancto Otmaro, edidit I. von Arx, MGH. SS. tomus II, edidit Georgius Heinricus Pertz, Hannoverae 1829, Nachdruck Stuttgart NewYork 1963, S. 54–58

Heinrich **Roth**, St. Peter und St. Martin bei Waldkirch. Ein Beitrag zur Frühgeschichte des Elztales unter Berücksichtigung der St. Peters- und St. Martinskirchen im Breisgau, Veröffentlichung des Alemannischen Instituts in Freiburg i. Br., Waldkirch i. Br. 1953

J. **Schatz**, Altbairische Grammatik. Laut- und Flexionslehre, Grammatiken der althochdeutschen Dialekte I. Band, Göttingen 1907

Scherer, Allerlei polemik. II. Die strophen des Georgsliedes, ZDA. 19 (1876) S. 104–112

Gustav Scherrer, Verzeichniss der Handschriften der Stiftsbibliothek von St. Gallen, Nachdruck der Ausgabe Halle 1875, Hildesheim. New York 1975

Theodor Schieffer s. Die Urkunden der Karolinger. Dritter Band

Theodor Schieffer s. Die Urkunden der deutschen Karolinger. Vierter Band

Theodor Schieffer s. Die Urkunden der burgundischen Rudolfinger

B. Schindling, Die Murbacher Glossen. Ein Beitrag zur ältesten Sprachgeschichte des Oberrheins. Untersuchungen zur Deutschen Sprachgeschichte. Heft I, Straßburg 1908

Wolf-Rüdiger Schleidgen, Besprechung von: Wolfgang Haubrichs, Die Kultur der Abtei Prüm zur Karolingerzeit, AHVNRh. 183 (1980) S. 306–309

Wolf-Rüdiger Schleidgen, Die Überlieferungsgeschichte der Chronik des Regino von Prüm, Quellen und Abhandlungen zur mittelrheinischen Kirchengeschichte. Band 31, Mainz 1977

Karl Schmid s. Das Verbrüderungsbuch der Abtei Reichenau

Dietrich Schmidtke s. Rudolf Schützeichel, Grenzen des Althochdeutschen

Ruth Schmidt-Wiegand, ‚Georgslied‘, Die deutsche Literatur des Mittelalters. Verfasserlexikon. Band 2. Zweite, völlig neu bearbeitete Auflage, Berlin. New York 1980, Sp. 1213–1216

Wilhelm Schöne s. Q. Horatius Flaccus

Gottfried Schramm, Namenschatz und Dichtersprache. Studien zu den zweigliedrigen Personennamen der Germanen, Ergänzungshefte zur Zeitschrift für vergleichende Sprachforschung auf dem Gebiet der indogermanischen Sprachen. Nr. 15, Göttingen 1957

Schrifttafeln zum althochdeutschen Lesebuch. Herausgegeben und erläutert von Hanns Fischer, Tübingen 1966

Edward Schröder, Aus den Anfängen des deutschen Buchtitels, Nachrichten aus der Neueren Philologie und Literaturgeschichte. 2. Band. 1937–39, Nachrichten von der Gesellschaft der Wissenschaften zu Göttingen. Philologisch-Historische Klasse. Neue Folge. Fachgruppe IV, Göttingen 1939, S. 1–48

E. Sch[röder] s. E. Dümmler – E. Sch[röder], Zum ersten bekanntwerden Otfrids

Edward Schröder, Deutsche Namenkunde. Gesammelte Aufsätze zur Kunde deutscher Personen= und Ortsnamen. 2. stark erweiterte Auflage, besorgt von L. Wolff, Göttingen 1944

Werner Schröder, Zum Begriff der ‚binnengereimten Langzeile‘ in der altdeutschen Versgeschichte, Festschrift Josef Quint anläßlich seines 65. Geburtstags überreicht. Herausgegeben von Hugo Moser, Rudolf Schützeichel und Karl Stackmann, Bonn 1964, S. 194–202

Werner Schröder s. Eugen Ewig, Die Franken am Rhein

Werner Schröder s. Max Pfister, Die Bedeutung des germanischen Superstrates für die sprachliche Ausgliederung der Galloromania

Helga Schüppert s. Rudolf Schützeichel, Grenzen des Althochdeutschen

R. Sch[ützeichel], Besprechung von: J. Sidney Groseclose – Brian O. Murdoch, Die althochdeutschen poetischen Denkmäler, BNF. NF. 13 (1978) S. 70f.

R[udolf] Sch[ützeichel], Besprechung von: Hans Kuhn, Kleine Schriften. Aufsätze und Rezensionen aus den Gebieten der germanischen und nordischen Sprach-, Literatur- und Kulturgeschichte. Vierter Band. 1978, BNF. NF. 14 (1979) S. 71–74

Rudolf Schützeichel s. Helmut de Boor, Eine unerklärte Stelle des ahd. Georgsliedes

Rudolf Schützeichel, Ezzos Cantilena de miraculis Christi. Versuch einer Rekonstruktion, Euphorion 54 (1960) S. 121–134

Rudolf Schützeichel, Neue Funde zur Lautverschiebung im Mittelfränkischen, ZDA. 93 (1964) S. 19–30

Rudolf Schützeichel s. Johannes Franck, Altfränkische Grammatik

Rudolf Schützeichel, Genitiv und Possessiv. Zum Tegernseer Du bist min, Sprachwissenschaft 4 (1979) S. 109–120

Rudolf Schützeichel, Zur Geschichte einer aussterbenden lautlichen Erscheinung (bit ‚mit‘), ZMF. 23 (1955) S. 201–236

Rudolf Schützeichel, Grenzen des Althochdeutschen, Festschrift für Ingeborg Schröbler zum 65. Geburtstag. Herausgegeben von Dietrich Schmidtke und Helga Schüppert, Beiträge zur Geschichte der deutschen Sprache und Literatur. 95. Band. Sonderheft, Tübingen 1973, S. 23–38

Rudolf **Schützeichel**, Die Grundlagen des westlichen Mitteldeutschen. Studièn zur historischen Sprachgeographie. Zweite, stark erweiterte Auflage. Mit 26 Karten, Hermaea. Germanistische Forschungen. Neue Folge. Band 10, Tübingen 1976

Rudolf **Schützeichel**, Nochmals zur merovingischen Lautverschiebung, ZDL. 46 (1979) S. 205–230

Rudolf **Schützeichel**, Mundart, Urkundensprache und Schriftsprache. Studien zur rheinischen Sprachgeschichte. Zweite, stark erweiterte Auflage. Mit 39 Karten, Rheinisches Archiv 54, Bonn 1974

Rudolf **Schützeichel** s. Werner **Schröder**, Zum Begriff der ‚binnengereimten Langzeile‘

Rudolf **Schützeichel**, Textgebundenheit. Kleinere Schriften zur mittelalterlichen deutschen Literatur, Tübingen 1981

Rudolf **Schützeichel**, Trierer Verse. Wider den Teufel, in: Rudolf Schützeichel, Textgebundenheit. Kleinere Schriften zur mittelalterlichen deutschen Literatur, Tübingen 1981, S. 68–76

Rudolf **Schützeichel**, Althochdeutsches Wörterbuch. Dritte, durchgesehene und verbesserte Auflage, Tübingen 1981

Rudolf **Schützeichel** s. Paul **Zinsli**, Das Berner Oberland als frühe alemannische Siedlungsstaffel im westlichen schweizerdeutschen Sprachgrenzraum

Monika **Schwarz**, Der heilige Georg – Miles Christi und Drachentöter. Wandlungen seines literarischen Bildes in Deutschland von den Anfängen bis in die Neuzeit, Dissertation Köln 1972

Hansmartin **Schwarzmeier**, Reichenauer Gedenkbucheinträge aus der Anfangszeit der Regierung König Konrads II., Zeitschrift für Württembergische Landesgeschichte 22 (1963) S. 19–28

Peter **Schweigler** s. Gerhart **Lohse**, Einiges über mittelalterliche deutsche Büchertitel

E. **Schwyzer** s. Schweizerisches **Idiotikon**

J. **Seemüller**, Studie zu den Ursprüngen der altdeutschen Historiographie, Abhandlungen zur germanischen Philologie. Festgabe für Richard Heinzel von F. Detter, M. H. Jellinek, C. Kraus, R. Meringer, R. Much, J. Seemüller, S. Singer, K. Zwierzina, Halle a. S. 1898, S. 279–353

Edward H. **Sehrt**, Vollständiges Wörterbuch zum Heliand und zur altsächsischen Genesis. 2. durchgesehene Auflage, Hesperia. Schriften zur germanischen Philologie, Göttingen 1966

Sequentiae ineditae. Liturgische Prosen des Mittelalters aus Handschriften und Wiegendrucken. Vierte Folge herausgegeben von Clemens Blume, AH. 34 (1900) S. 1–305

K. **Siemers**, Zum ahd. Georgslied, PBB. 39 (1914) S. 98–115

Eduard **Sievers** s. Georg **Baesecke**, Besprechung von: Die ahd. Glossen

Eduard **Sievers** s. Die althochdeutschen **Glossen**

Eduard **Sievers** s. Die **Murbacher Hymnen**

E. **Sievers**, Althochdeutsche Responsorientexte, PBB. 52 (1928) S. 208–216

Franz **Simmler**, Graphematisch-phonematische Studien zum althochdeutschen Konsonantismus insbesondere zur zweiten Lautverschiebung. Mit 74 Tabellen und Skizzen, Monographien zur Sprachwissenschaft 12, Heidelberg 1981

S. **Singer** s. J. **Seemüller**, Studie zu den Ursprüngen der althochdeutschen Historiographie

Stefan **Sonderegger** s. Das älteste deutsche **Buch**

Die ältesten deutschen **Sprach-Denkmäler**. In Lichtdrucken herausgegeben von M. Enneccerus, Frankfurt a. Main 1897

Die kleineren althochdeutschen **Sprachdenkmäler**. Herausgegeben von Elias von Steinmeyer, Deutsche Neudrucke. Reihe Texte des Mittelalters, 3. Auflage, Dublin/Zürich 1971

Althochdeutscher **Sprachschatz** oder Wörterbuch der althochdeutschen Sprache, in welchem nicht nur zur Aufstellung der ursprünglichen Form und Bedeutung der heutigen hochdeutschen Wörter und zur Erklärung der althochdeutschen Schriften alle aus den

Zeiten vor dem 12ten Jahrhundert uns aufbewahrten hochdeutschen Wörter unmittelbar aus den handschriftlichen Quellen vollständig gesammelt, sondern auch durch Vergleichung des Althochdeutschen mit dem Indischen, Griechischen, Römischen, Litauischen, Altpreußischen, Gothischen, Angelsächsischen, Altniederdeutschen, Altnordischen die schwesterliche Verwandtschaft dieser Sprachen, so wie die dem Hoch- und Niederdeutschen, dem Englischen, Holländischen, Dänischen, Schwedischen gemeinschaftlichen Wurzelwörter nachgewiesen sind, etymologisch und grammatisch bearbeitet von E. G. Graff. Erster bis sechster Teil. Nachdruck der Ausgabe von 1834–1842, Darmstadt 1963

Karl Stackmann s. Helmut de Boor, Eine unerklärte Stelle des ahd. Georgsliedes

Karl Stackmann s. Werner Schröder, Zum Begriff der ‚binnengereimten Langzeile‘

Emil Staiger s. Die Dichtungen des Kallimachos

Wolfgang Stammler s. Kurt Herbert Halbach, Epik des Mittelalters

Wolfgang Stammler s. Richard Kienast, Die deutschsprachige Lyrik des Mittelalters

Friedrich Staub s. Schweizerisches Idiotikon

A. Steffen, Glossenhandschriften und althochdeutsche Glossen aus Echternach. Publications de la section historique de l'institut G.-D. de Luxembourg 62 (1928) S. 401–458

Elias von Steinmeyer s. Georg Baesecke, Besprechung von: Die ahd. Glossen

Elias Steinmeyer s. Die althochdeutschen Glossen

Elias von Steinmeyer s. Die kleineren althochdeutschen Sprachdenkmäler

Rudolf Stephan s. Karl Heinrich Bertau und Rudolf Stephan, Rezension

Enrico Stevenson s. Inventario dei libri stampati

E. Stollreither s. Michael Huber, Zur Georgslegende

Thomas Stührenberg, Die althochdeutschen Prudentiusglossen der Handschrift Düsseldorf F 1, Rheinisches Archiv 91, Bonn 1974

Tafeln zur Neumenschrift. Mit einer Einführung herausgegeben von Ewald Jammers, Tutzing 1965

Helmut Tervooren s. Des Minnesangs Frühling. Unter Benutzung der Ausgaben von Karl Lachmann und Moriz Haupt, Friedrich Vogt und Carl von Kraus bearbeitet von Hugo und Helmut Tervooren

Thesauri Hymnologici Hymnarium. Die Hymnen des Thesaurus Hymnologicus H. A. Daniels und anderer Hymnen-Ausgaben. I. Die Hymnen des 5.–11. Jahrhunderts und die Irisch-Keltische Hymnodie aus den ältesten Quellen neu herausgegeben von Clemens Blume, AH. 51 (1908) S. I–XLVII, 1–372

Herbert Thoma s. Althochdeutsche Glossen zum Alten Testament

Heinrich Tiefenbach, Althochdeutsche Aratorglossen. Paris lat. 8318. Gotha Membr. II 115, Abhandlungen der Akademie der Wissenschaften in Göttingen. Philologisch-Historische Klasse. Dritte Folge. Nr. 107, Göttingen 1977

Heinrich Tiefenbach, Althochdeutsche Bibelglossen aus Ellwangen, ZDA. 104 (1975) S. 12–20

Heinrich Tiefenbach, Namenkundliches zu den Glossen der Handschrift St. Mihiel 25, BNF. NF. 11 (1976) S. 335–345

Heinrich Tiefenbach, Ein übersehener Textzeuge des Trierer Capitulare. Mit vier Abbildungen, RhVB. 39 (1975) S. 272–310

Ludwig Tobler s. Schweizerisches Idiotikon

Fritz Tschirch, Der heilige Georg als *figura Christi*. Über den typologischen Sinn der altdeutschen Georgsdichtungen, Festschrift Helmut de Boor zum 75. Geburtstag am 24. März 1966. Herausgegeben von den Direktoren des Germanischen Seminars der Freien Universität Berlin, Tübingen 1966, S. 1–19

Fritz Tschirch, Wisolf — eine mittelalterliche Schreiberpersönlichkeit. Zur Schreibung des althochdeutschen Georgsliedes, PBB. 73 (1951) S. 387–422

Hermann Tüchle, Kirchengeschichte Schwabens. Die Kirche Gottes im Lebensraum des schwäbisch-alamannischen Stammes. 1. Band, Stuttgart 1950

Die Urkunden der Karolinger. Dritter Band. Die Urkunden Lothars I. und Lothars II. Bearbeitet von Theodor Schieffer, MGH. Diplomatum Karolinorum tomus III. Lotharii I. et Lotharii II. diplomata, Berlin–Zürich 1966

Die Urkunden der deutschen Karolinger. Vierter Band. Die Urkunden Zwentibolds und Ludwigs des Kindes. Bearbeitet von Theodor Schieffer, MGH. Diplomata regum Germaniae ex stirpe Karolinorum. Tomus IV. Zwentiboldi et Ludowici infantis diplomata. Zweite Auflage (Unveränderter Nachdruck der ersten Auflage aus dem Jahre 1960), Berlin 1963

Die Urkunden der deutschen Könige und Kaiser. Herausgegeben von der Gesellschaft für ältere deutsche Geschichtskunde. Erster Band. Die Urkunden Konrad I. Heinrich I. und Otto I., MGH. Diplomatum regum et imperatorum Germaniae tomus I, 2. unveränderte Auflage, Berlin 1956

Die Urkunden der deutschen Könige und Kaiser. Vierter Band. Die Urkunden Konrads II. Mit Nachträgen zu den Urkunden Heinrichs II. Unter Mitwirkung von H. Wibel und A. Hessel herausgegeben von H. Bresslau. 2. unveränderte Auflage, MGH. Diplomatum regum et imperatorum Germaniae tomus IV. Conradi II. diplomata, Berlin 1957

Die Urkunden der burgundischen Rudolfinger. Bearbeitet von Theodor Schieffer unter Mitwirkung von Hans Eberhard Mayer, MGH. Regum Burgundiae e stirpe Rudolfina diplomata et acta, München 1977

Urkundenbuch der Abtei Sanct Gallen. Auf Veranstaltung der Antiquarischen Gesellschaft in Zürich bearbeitet von Hermann Wartmann. Theil I. Jahr 700–840, Zürich 1863

Das Verbrüderungsbuch der Abtei Reichenau (Einleitung, Register, Faksimile). Herausgegeben von Johanne Autenrieth, Dieter Geuenich und Karl Schmid, MGH. Libri memoriales et necrologia. Nova Series. I, Hannover 1979

Ferdinand Vetter s. Der Heilige Georg des Reinbot von Durne

Friedrich Vogt s. Des Minnesangs Frühling. Unter Benutzung der Ausgaben von Karl Lachmann und Moriz Haupt, Friedrich Vogt und Carl von Kraus bearbeitet von Hugo Moser und Helmut Tervooren

Jan de Vries, Altnordisches etymologisches Wörterbuch, Dritte Auflage, Leiden 1977

Norbert Wagner, Bac, Corcac und Linac. Zur Graphie c beim Geographus Ravennas, BNF. NF. 15 (1980) S. 9–24

Norbert Wagner, König Chilperichs Buchstaben und andere Graphien, Sprachwissenschaft 1 (1976) S. 434–452

Hermann Wartmann s. Urkundenbuch der Abtei Sanct Gallen

Die Werke Wipos. Dritte Auflage. Herausgegeben von Harry Bresslau. SS. rerum Germanicarum in usum scholarum ex monumentis Germaniae historicis separatim editi, Hannover und Leipzig 1915

Max Wetzel, Waldkirch im Elztal. Stift, Stadt und Amtsbezirk. Nach den geschichtlichen Quellen dargestellt in Wort und Bild. I. Teil. — 85 Abbildungen und 2 Karten. —, Freiburg i. Br. 1912

Carl Weyman, Zu den lateinischen Georgslegenden, Münchener Museum für Philologie des Mittelalters und der Renaissance 1 (1912) S. 302–309

Carl Weyman, Zur lateinischen Georgslegende, Münchener Museum für Philologie des Mittelalters und der Renaissance 3 (1915) S. 216

H. Wibel s. Die Urkunden der deutschen Könige und Kaiser. Vierter Band

Hedwig Wicker, Beiträge zur Geschichte der Zürcher Pfarreien im frühen Mittelalter. Abhandlung zur Erlangung der Doktorwürde der Philosophischen Fakultät I der Universität Zürich, Zürich 1955

Hedwig Wicker, St. Peter in Zürich, Wirtschaft Gesellschaft Staat. Zürcher Studien zur allgemeinen Geschichte. Zwölfter Band, Zürich 1955

Friedrich Wilhelm, Reinbot von Dürne, Münchener Museum für Philologie des Mittelalters und der Renaissance 3 (1915) S. 229–231

Wipo s. Die Werke Wipos

Joachim Wirtz, Die Verschiebung der germ. p, t und k in den vor dem Jahre 1200 überlieferten Ortsnamen der Rheinlande. Mit 13 Karten, BNF. NF. Beiheft 9, Heidelberg 1972

Roswitha Wisniewski s. Das Nibelungenlied

Mittelhochdeutsches Wörterbuch mit Benutzung des Nachlasses von Georg Friedrich Benecke ausgearbeitet von Wilhelm Müller und Friedrich Zarncke. Zweiter Band. Zweite Abteilung. S. Bearbeitet von Wilhelm Müller, Leipzig 1866. Nachdruck Hildesheim 1963

Rheinisches **Wörterbuch**. Auf Grund der von J. Franck begonnenen, von allen Kreisen des rheinischen Volkes unterstützten Sammlung bearbeitet von Josef Müller. Unter Mitarbeit von Matthias Zender und Heinrich Dittmaier herausgegeben von Karl Meisen. Siebenter Band. R–Sch mit 43 Wortkarten, Berlin 1948–1958

Schwäbisches **Wörterbuch**. Auf Grund der von Adelbert v. Keller begonnenen Sammlungen und mit Unterstützung des Württembergischen Staates bearbeitet von Hermann Fischer. Dritter Band. G. H. Bearbeitet unter Mitwirkung von Wilhelm Pfleiderer, Tübingen 1911; Fünfter Band. O. R. S. Bearbeitet unter Mitwirkung von Wilhelm Pfleiderer, Tübingen 1920

Armin **Wolf**, Wer war Kuno ,von Öhningen'? Überlegungen zum Herzogtum Konrads von Schwaben († 997) und zur Königswahl vom Jahre 1002, DA. 36 (1980) S. 25–83

Gunhild **Wolf**, Der Sprachstand der althochdeutschen Glossen des Codex 81 der Kölner Erzdiözesanbibliothek, Rheinisches Archiv 71, Bonn 1970

L. **Wolff** s. Edward **Schröder**, Deutsche Namenkunde

Francis A. **Wood**, Notes on Old High German Texts. 2. Lied vom heiligen Georg, Modern Philology 12 (1914/1915) S. 172–178

Zarncke, Ueber den althochdeutschen Gesang vom heiligen Georg, Berichte über die Verhandlungen der Königlich Sächsischen Gesellschaft der Wissenschaften zu Leipzig. Philologisch-Historische Classe. Sechsundzwanzigster Band, Leipzig 1874, S. 1–42

Zarncke s. Matthias **Lexer**, Mittelhochdeutsches **Wörterbuch**

Zarncke, Eine zweite Redaction der Georgslegende aus dem 9. Jahrhunderte, Berichte über die Verhandlungen der Königlich Sächsischen Gesellschaft der Wissenschaften zu Leipzig. Philologisch-Historische Classe. Siebenundzwanzigster Band. Mit vier lithographirten Tafeln, Leipzig 1875, S. 256–277

Friedrich **Zarncke** s. Mittelhochdeutsches **Wörterbuch**

Matthias **Zender** s. Rheinisches **Wörterbuch**

Matthias **Zender** s. Paul **Zinsli**, Das Berner Oberland als frühe alemannische Siedlungsstaffel im westlichen schweizerdeutschen Sprachgrenzraum

Paul **Zinsli**, Das Berner Oberland als frühe alemannische Siedlungsstaffel im westlichen schweizerdeutschen Sprachgrenzraum. Nach dem Zeugnis von Streuung und Lautstand der Ortsnamen. Mit fünf Karten, Namenforschung. Festschrift für Adolf Bach zum 75. Geburtstag am 31. Januar 1965. Herausgegeben von Rudolf Schützeichel und Matthias Zender, Heidelberg 1965, S. 330–358

Thomas L. **Zotz**, Der Breisgau und das alemannische Herzogtum. Zur Verfassungs- und Besitzgeschichte im 10. und beginnenden 11. Jahrhundert, Vorträge und Forschungen. Sonderband 15, Sigmaringen 1974

Konrad **Zwierzina**, Bemerkungen zur Überlieferung des ältesten Textes der Georgslegende, Untersuchungen und Quellen zur Germanischen und Romanischen Philologie. Johann von Kelle dargebracht von seinen Kollegen und Schülern. Erster Teil, Prager Deutsche Studien. Achtes Heft, Prag 1908, S. 555–564

Konrad **Zwierzina**, Die Legenden der Märtyrer von unzerstörbarem Leben, Innsbrucker Festgruß von der Philosophischen Fakultät dargebracht der 50. Versammlung deutscher Philologen und Schulmänner in Graz, Innsbruck 1909, S. 130–158

Konrad **Zwierzina**, Der Pelagiatypus der fabulosen Märtyrerlegende, Nachrichten von der Gesellschaft der Wissenschaften zu Göttingen aus dem Jahre 1927. Philologisch-Historische Klasse, Berlin 1928, S. 130–156

K. **Zwierzina** s. J. **Seemüller**, Studie zu den Ursprüngen der altdeutschen Historiographie

I. Zur Heidelberger Otfridhandschrift

1. Codex Pal. lat. 52

Der Codex Pal. lat. 52 der Universitätsbibliothek Heidelberg trägt in der Hauptsache die Evangelienharmonie Otfrids von Weißenburg, außerdem zwei kleinere althochdeutsche Dichtungen, Georgslied und Kicila-Vers, sowie einige sonstige Einträge, über die im einzelnen weiter unten zu sprechen sein wird. Es soll versucht werden, die Möglichkeiten und Grenzen einer Ermittlung der Geschichte dieser Handschrift zu finden, was für die darin aufgezeichneten althochdeutschen Denkmäler von Belang sein könnte. Die methodischen Rücksichten sollen für die einzelnen Fragen verhindern, daß Antworten erzielt werden, die ‚der Novellendichtung und nicht der Geschichtsschreibung‘[1] angehören.

Otfrids Werk steht, am Anfang und am Ende nicht ganz vollständig, auf fol. 1r bis 191v, fol. 200r und 200v[2].

Die Handschrift ist im letzten Drittel des 9. Jahrhunderts, vielleicht noch zu Lebzeiten Otfrids, in Weißenburg entstanden[3]. Ihren weiteren Weg können wir nicht ohne weiteres verfolgen, bis sie im 16. Jahrhundert in Augsburg feststellbar wird.

2. Achilles Pirminius Gassar

Die in Rom aufbewahrte Handschrift Pal. lat. 1923 enthält einen von drei Katalogen der Bibliothek des im Jahre 1505 in Lindau geborenen Augsburger Stadtarztes und Geschichtsschreibers Achilles Pirminius Gassar, in dem unter vielen anderen in einem nicht ganz genauen Eintrag auch ein Werk aufgeführt ist, das mit der Otfridhandschrift Pal. lat. 52 identifiziert wird[4]: ‚fol. 164^R „Gottfridi (das zweite t rotgestrichen) veterum

---

[1] Abgewandelt nach: O. Erdmann, Otfrids Evangelienbuch, S. LI.

[2] K. Bartsch, Die altdeutschen Handschriften der Universitätsbibliothek in Heidelberg, Nr. 1, S. 3; J. Kelle, Otfrids von Weissenburg Evangelienbuch. Text und Einleitung, Einleitung S. 152f.; O. Erdmann, Otfrids Evangelienbuch, S. XXXIX-L; P. Piper, Otfrids Evangelienbuch, I, S. [45-[175; W. Kleiber, Otfrid von Weißenburg, S. 17-84.

[3] B. Bischoff, FMSt. 5 (1971) S. 104; sieh zum Beispiel auch: O. Erdmann, Otfrids Evangelienbuch, S. L; G. Ehrismann, Geschichte der deutschen Literatur bis zum Ausgang des Mittelalters, I, S. 179; W. Kleiber, Otfrid von Weißenburg, S. 84. — Neuerdings meint W. Haubrichs, Otfrid von Weißenburg, S. 411, definitiv sagen zu können, daß die Heidelberger Handschrift ‚noch in den sechziger Jahren des 9. Jh. in Weißenburg entstand‘.

[4] P. Lehmann, Eine Geschichte der alten Fuggerbibliotheken, II, S. 548.

germanorum grammaticae poeseos theologiae praeclarum monumentum"
= Heidelberg Pal. lat. 52; die berühmte Otfridhandschrift'.

Achilles Pirminius Gassar war mit der Familie der Fugger befreundet,
insbesondere mit Ulrich Fugger. Er hat diesem offensichtlich seine Bibliothek verkauft und bei seinem Tode a. 1577 hinterlassen, wie sich aus einer
auf den 22. Juli 1583 datierten Eintragung von *Carl Stephan, notarius und
burger zu Augspurg* in dem Katalog Rom Pal. lat. 1922[5] ergibt. In diesem
Jahre 1583 wurde also die Inventarisierung der Gassarbibliothek auf Geheiß
Ulrich Fuggers vorgenommen, was besagt, daß die Bücher mit Einschluß
der Otfridhandschrift, wenn sie sich tatsächlich darunter befand, spätestens
zu diesem Zeitpunkt in seinem Besitz waren, nicht aber ohne weiteres auch
schon im Jahre 1560, wie man gemeint hat[6]. Auf das Jahr 1560 wird noch
zurückzukommen sein.

Möglicherweise sind einzelne Bände[7] aus dem Besitz des Achilles Pirminius Gassar schon vor Übernahme der Gesamtbibliothek an Ulrich Fugger
gelangt, sofern sie sich in den genannten Katalogen nicht genau identifizie-
ren lassen, was freilich kein sicherer Anhaltspunkt ist. Wichtiger als solche
Erwägung ist die auffällige Ähnlichkeit der oben schon genannten Eintragung in dem Katalog der Gassarbibliothek mit dem Titel des weiter
unten zu behandelnden Otfrid-Druckes aus dem Jahre 1571, wenigstens in
einem wichtigen Ausschnitt (*... veterum Germanorum grammaticae, poesos, theologiae, praeclarum monimentum ...*). Das läßt, bei der Undeut-
lichkeit der Angaben in den Katalogen[8], die Vermutung zu, daß es sich bei
dem in dem Katalog (Rom Pal. lat. 1923 fol. 164r) aufgeführten Werk um
eben diesen Druck handelt und daß die Identifizierung mit der Otfridhandschrift Pal. lat. 52 irrig ist.

Hinzu kommt, daß in dem im Codex Rom Pal. lat. 1921 überlieferten
Inventar der Fuggerbibliothek auf fol. 120v[9] eine Eintragung steht, die auf
die Otfridhandschrift Pal. lat. 52 weisen könnte: *In ein päcklin Quatuor
evangelia theodisce versa, uff perment geschrieben, in quarto.* Auf den
ersten Blick scheint ein solcher Titel gerade nicht auf eine Evangelienharmonie zu weisen. Doch sind im Codex Pal. lat. 52 am Anfang einige
Papierblätter eingeheftet, zunächst vier, von denen die ersten beiden von
jüngerer Hand einige lateinische Notizen über Otfrid (mit der Jahreszahl
1592 auf Blatt 1) und Federproben auf der Rückseite von Blatt 2 enthalten,
Blatt 3 einige meist durchgestrichene Notizen, während das vierte Blatt
leer ist, dann weitere zehn, die ebenfalls leer sind, davor (also zwischen

---

[5] P. Lehmann, Eine Geschichte der alten Fuggerbibliotheken, I, S. 183f.; II, S. 544.

[6] So etwa: P. Lehmann, Eine Geschichte der alten Fuggerbibliotheken, I, S. 149, 151.

[7] Zum Beispiel: Rom Pal. lat. 1279, 1321, 1354, Teil des Pal. lat. 1377, Pal. lat. 1709, 1900
(und andere); sieh: P. Lehmann, Eine Geschichte der alten Fuggerbibliotheken, II, S. 502,
503, 505, 533, 542.

[8] Dazu etwa: P. Lehmann, Eine Geschichte der alten Fuggerbibliotheken, II, S. 456 (mit
Bezug auf die Fugger-Inventare).

[9] P. Lehmann, Eine Geschichte der alten Fuggerbibliotheken, II, S. 304; sieh auch:
S. 299 (Überschrift fol. 117v); S. 302 (Überschrift fol. 119v).

vier und zehn Papierblättern) ein Pergamentblatt mit einem ebenfalls von jüngerer Hand eingetragenen Titel in Versalien: *Quatuor evangelia theotisce versa*, was in dem genannten Eintrag in dem Inventar wiederkehrt. Zwischen den Pergamentblättern 191 und 200 sind wiederum acht leere als 192 bis 199 gezählte Papierblätter eingeheftet[10].

Das Pergamentblatt mit dem Titel trägt unten links eine Notiz, die sich wie folgt entziffern läßt: *Capsel 80. pag. 138. n°. 13.* Unten rechts steht, nur noch mit Mühe lesbar: *p. 117. N°. 13.* Die Nummer mag sich auf ein nicht mehr vorhandenes Verzeichnis beziehen, in dem die Bücher numeriert waren. Die Seitenangabe 117 könnte eine Blattzahl meinen. In dem Inventar Rom Pal. lat. 1921 beginnt auf fol. 117v die Aufzählung des Inhalts einer Truhe, die unter der Zwischenüberschrift *Oningebundene bucher in päcklin unnd sonsten* auch das genannte *päcklin Quatuor evangelia theodisce* nennt. Die Überschrift auf fol. 117v lautet: *In einer beschlossenen reyßtruhen mit weiß leinen tuch überzogen. Daruff P. wapen, literae F.P.C. et numerus 80, ist gefunden worden als volgt.* Damit erklärt sich *Capsel 80*, während *pag. 138* auf ein anderes Inventar weisen wird, in dem die Auflistung des Inhalts der Truhe 80 auf einer so gezählten Seite begonnen wurde.

Das deutet alles in allem darauf hin, daß es sich bei dem *päcklin* des Inventars a. 1571 um eine ungebundene und damals schon nicht mehr vollständige Otfridhandschrift gehandelt hat, die vielleicht gegen oder um das Jahr 1600 eingebunden und mit Papierblättern aufgefüllt worden ist, eben den Codex Pal. lat. 52[11]. Das besagt aber nicht, daß diese Handschrift nicht von Achilles Pirminius Gassar stammte, ‚sondern wahrscheinlich aus altem Fuggerschen Familienbesitz‘, wie man[12] leichthin gefolgert hat.

Die Bücher Ulrich Fuggers wurden in der Hauptsache a. 1567 von Augsburg nach Heidelberg geschafft, dort a. 1571 inventarisiert, einiges im Laufe der Jahre bis zum Tode Ulrich Fuggers a. 1584 nachgeliefert[13], darunter frühestens a. 1583 die Gassarbibliothek in ihrer Gesamtheit, mit ihr (oder auch schon früher) womöglich die Otfridhandschrift, eher jedoch ein Exemplar des Basler Drucks vom Jahre 1571[14].

---

[10] Sieh auch: O. Erdmann, Otfrids Evangelienbuch, S. XXXIX. — Die Universitätsbibliothek Heidelberg stellte Kopien der beschriebenen Seiten zur Verfügung.

[11] Ungenau, aus zweiter Hand stammend und nicht in allem verifizierbar die Angaben bei: H. Brauer, ZDPh. 55 (1930) S. 262, Anmerkung 4. Ein Verzeichnis, das sich in der Stadtbibliothek Hamburg gefunden hat, wird Kriegsverlust sein. Dazu: P. Lehmann, Eine Geschichte der alten Fuggerbibliotheken, II, S. 150.

[12] H. Brauer, ZDPh. 55 (1930) S. 262, Anmerkung 4.

[13] P. Lehmann, Eine Geschichte der alten Fuggerbibliotheken, II, S. 149.

[14] Die Biblioteca Apostolica Vaticana in Rom besitzt unter ihren Drucken ein Exemplar des Basler Drucks a. 1571 von Otfrids Werk, und zwar unter der Signatur: Tedesci 3220 (Hinweis des Leiters der Handschriftenabteilung der Universitätsbibliothek Heidelberg, Dr. W. Werner); E. Stevènson, Inventario dei libri stampati Palatino-Vaticani, II. Parte II, S. 362f. Frontispiz: *24cr.* — *Achillis P: Gasserj L: Septembri a° 1571 Augstburgi*, handschriftlich. — Die Bibliotheca Apostolica Vaticana stellte Kopien zur Verfügung.

Im Jahre 1623 gelangte die Otfridhandschrift nach Rom und im Jahre 1816 wieder nach Heidelberg[15].

Schon im Jahre 1560 fertigte Achilles Pirminius Gassar eine Abschrift des Otfridtextes an, der sich vermutlich in seinem und jedenfalls nicht schon im fuggerschen Besitz, wie man allenthalben meint[16], befand, suchte mit Hilfe seines Züricher Freundes Conrad Gessner[17] einen Verleger zu finden, was aber erst Matthias Flacius Illyricus gelang, so daß das Buch im Jahre 1571, sechs Jahre nach Conrad Gessners Tod, in Basel im Druck[18] erscheinen konnte. Gassars Abschrift gelangte schließlich in die Bibliothek der Benediktiner des Schottenstifts in Wien[19]. Sie hat den Titel: *Liber euangeliorum Christi rithmis in theodiscam linguam uersus. Finff buecher dis heiligen Euangelij / von vnserm herren vnd heilandt Christo / uß den fier Euangelisten / mit altfrenckischen Tijtschen rimen / vor siben hundert iaren / durch minch Ottfriden von Wyssenburch zu Sant Gallen Beschriben. Transsumptus a me A.P.G.L.[20] hieme anni salutis 1560 Augstburgi, in summa Asmodei vexatione. C.B.I.[21].*

Differenzen zwischen Abschrift und Druck begründen die Annahme, daß Matthias Flacius Illyricus eine weitere Handschrift gekannt und benutzt haben müsse. Auf dieses besondere Problem der Otfrid-Überlieferung[22] kann hier jedoch nicht näher eingegangen werden.

3. *Matthias Flacius Illyricus*

Wir wissen nicht, wie und woher die Handschrift nach Augsburg gelangt ist. Eine Vermittlung durch Matthias Flacius Illyricus schien in

---

[15] Sieh beispielsweise: K. Bartsch, Die altdeutschen Handschriften der Universitäts-Bibliothek in Heidelberg, S. 3.

[16] Sieh beispielsweise: J. Kelle, Otfrids von Weissenburg Evangelienbuch. Text und Einleitung, Einleitung S. 100; G. Ehrismann, Geschichte der deutschen Literatur bis zum Ausgang des Mittelalters, I, S. 180; H. Butzmann, Kleine Schriften, S. 95, 140. — Sieh jetzt auch: W. Haubrichs, Georgslied und Georgslegende im frühen Mittelalter, S. 404: ‚Wenn die Otfridhandschrift P nach der Mitte des sechzehnten Jahrhunderts in der Bibliothek Ulrich Fuggers zu Augsburg auftaucht . . .‘.

[17] Zu diesem jetzt: M. Peters, Sprachwissenschaft 2 (1977) S. 470–485; zu Otfrid: S. 477–482.

[18] Dazu weiter unten.

[19] Catalogus codicum manu scriptorum qui in bibliotheca monasterii B.M.V. ad Scotos Vindobonae servantur. Edidit A. Hübl, 605 (53.b.1), S. 487. — Das Stift stellte einen Mikrofilm der Abschrift zur Verfügung.

[20] Daneben auf der linken Seite mit Verweiszeichen: *id est: Achille Pirminiano Gassaro, Lindaviensi.*

[21] Sieh auch: J. Kelle, Otfrids von Weissenburg Evangelienbuch. Text und Einleitung, Einleitung S. 100–127; S. 125: ungenaue Wiedergabe des Titels der Abschrift Gassars (aus zweiter Hand).

[22] Dazu: M. Peters, Sprachwissenschaft 2 (1977) S. 480–482, mit weiteren Hinweisen; sieh auch: H. Butzmann, Kleine Schriften, S. 95f., 144–148; E. Dümmler-E. Sch[röder], ZDA. 44 (1900) S. 316–319.

diesem Falle gerade nicht vorzuliegen[23]. Doch findet sich auf fol. 202v unter anderem ein ausgekratzter Eintrag, von dem noch *Illyricus* lesbar und außerdem mit Hilfe der Quarzlampe die Jahreszahl 1555 gut sichtbar ist[24]. Das war bislang nicht bemerkt oder nicht beachtet worden. Ob es sich um eine absolut zeitgenössische, oder um eine nachträgliche Eintragung handelt, läßt sich nicht mehr sagen. Der Hinweis auf Matthias Flacius Illyricus und auf das Jahr 1555 ist jedenfalls gegeben.

Beachtet werden muß aber auch der Baseler Druck, der mit einer lateinischen und deutschen Vorrede von Matthias Flacius Illyricus im Jahre 1571 erschien: *Otfridi Evangeliorum Liber: veterum Germanorum grammaticae, poesos, theologiæ, præclarum monimentum. Euangelien Buch / in altfrenckischen reimen / durch Otfriden von Weissenburg / Münch zu S. Gallen / vor sibenhundert jaren beschriben: Jetz aber mit gunst deß gestrengen ehrenuesten herrn Adolphen Herman Riedesel / Erbmarschalck zu Hessen / der alten Teutschen spraach und gottsforcht zuerlernen / in truck verfertiget. Basileae 1571*[25].

Es geht um den Wortlaut einiger Passagen, auf die schon vor über einem Jahrhundert verwiesen worden ist[26], ohne daß der Hinweis von der Germanistik bemerkt worden wäre[27].

In der lateinischen Vorrede heißt es an einer Stelle[28]: ... *Thesaurum hunc egregium antiquitatis (ut hoc præclarissimum monumentum beatus Rhenanus vocat) Theutonum ... magno labore tum repertum, tum etiam a quodam doctissimo et pientissimo viro descriptum jam diu in publicum evulgare, multos sollicitando et orando seduto conatus sum ...* Die Wendung *magno labore repertum* bezieht sich nicht auf denjenigen, der von der Handschrift Abschrift genommen hat, der an einer anderen Stelle[29] namentlich als derjenige genannt wird, der die Abschrift und dazu ein Lexikon angefertigt habe: *Plurimum sane hanc editionem adiuvit eruditione et pietate clarissimus vir D. D. Achilles Gassarus, tum describendo, tum et Lexicon veterum huius sermonis vocum conficiendo.*

Es wird aber nicht gesagt, daß er auch der Entdecker der Handschrift gewesen sei. Das legt die Vermutung nahe, daß Matthias Flacius Illyricus selbst sich um die Handschrift bemüht und sie hat suchen lassen, nachdem er das Zeugnis des Beatus Rhenanus Selestadiensis, der a. 1530 in Freising

---

[23] So etwa: P. Lehmann, Eine Geschichte der alten Fuggerbibliotheken, I, S. 149.

[24] Dank der hilfreichen Unterstützung des Leiters der Handschriftenabteilung der Universitätsbibliothek Heidelberg, Dr. W. Werner.

[25] Die Universitätsbibliothek Köln ermöglichte die Einsichtnahme in ein Exemplar dieses Druckes. Der Direktor der Universitätsbibliothek Köln, Prof. Dr. S. Corsten, stellte eine Kopie der einleitenden Teile zur Verfügung, ebenso die Universitätsbibliothek Heidelberg und die Bibliotheca Apostolica Vaticana.

[26] W. Preger, Matthias Flacius Illyricus und seine Zeit, S. 470f.

[27] Sieh beispielsweise: G. Ehrismann, Geschichte der deutschen Literatur bis zum Ausgang des Mittelalters, I, S. 180.

[28] Otfridi Evangeliorum Liber, Praefatio, S. III (ungezählt).

[29] Otfridi Evangeliorum Liber, Praefatio, S. XVII (ungezählt).

eine Otfridhandschrift gefunden hatte[30], vor Augen bekam, was er[31] ausdrücklich erwähnt: *Quo quidem me etiam non parum impulit doctissimi viri, Beati Rhenani Seletstadiensis gravissimum testimonium et praeconium huius ipsius Operis.* Ob der eifrige und erfolgreiche Helfer Marcus Wagner von Freimar[32], der im Jahre 1557 eine Einladung zur Durchsicht der Fuggerbibliothek und der Gassarbibliothek bekam[33], die Handschrift dort entdeckte, sei, auch wegen der weiter oben mitgeteilten Jahreszahl 1555 im Pal. lat. 52 selbst, dahingestellt.

Mithin liegen Hinweise darauf vor, daß Matthias Flacius Illyricus die Handschrift mit Hilfe von Freunden gesucht und möglicherweise in der Gassarbibliothek gefunden oder anderswo entdeckt und für Achilles Pirminius Gassar besorgt hat, wie das für andere erlesene Stücke der Fuggerbibliothek nachweislich der Fall ist[34], die zum Teil aus Hildesheim oder Corvey stammen werden.

Das ist kaum ein unmittelbarer Fingerzeig auf die Herkunft des Pal. lat. 52, wohl aber auf den großen Gelehrten und Bibliophilen, der Handschriften aus den verschiedensten europäischen Regionen (auf welche Weise auch immer) erworben hat und dessen Lebensweg und dessen Beziehungen ihn, außer mit Venedig, Wittenberg, Magdeburg, Jena, Regensburg, Antwerpen, auch mit dem Oberrhein im weitesten Sinne verbanden, mit Augsburg, Basel, Tübingen, Straßburg und mit Frankfurt am Main, wo er a. 1575 gestorben ist[35]. Tatsächlich eröffnet ein solcher Lebenshorizont ein weites Rund denkbarer Möglichkeiten für das Auffinden und den Erwerb des Pal. lat. 52 durch Matthias Flacius Illyricus. Wegen der Entstehung der Handschrift in Weißenburg wird sich der Blick natürlicherweise zunächst auf den deutschen Südwestraum richten, und zwar mit Einschluß von Weißenburg.

4. Die Weißenburger Handschriften

Die Weißenburger Handschriften sind in der Masse nach Wolfenbüttel gelangt, vermutlich über Sponheim und Köln und sicher über Mainz[36]. Die Herzog August Bibliothek Wolfenbüttel besitzt auch die von Matthias Flacius Illyricus hinterlassenen Handschriften, ohne daß es notwendig wäre, hier

---

[30] Beati Rhenani Selestadiensis rerum Germanicarum libri tres, Basileae 1531, S. 107; Ausgabe Basileae 1551, S. 112f.

[31] Otfridi Evangeliorum Liber, Praefatio, S. XVII (ungezählt).

[32] Über diesen: W. Preger, Matthias Flacius Illyricus und seine Zeit, S. 418–422 (und öfter).

[33] W. Preger, Matthias Flacius Illyricus und seine Zeit, S. 473.

[34] P. Lehmann, Eine Geschichte der alten Fuggerbibliotheken, I, S. 145–149.

[35] W. Preger, Matthias Flacius Illyricus und seine Zeit; G. Moldaenke, Neue Deutsche Biographie, V, S. 220–222.

[36] H. Butzmann, Die Weissenburger Handschriften, S. 67–76; Wiederabdruck: H. Butzmann, Kleine Schriften, S. 92–103.

näher darauf einzugehen[37]. Eine von ihnen steht in der Reihe der Weißenburger Handschriften (Weissenburg 101), war jedoch, ebenso wie einige andere, nie in Weißenburg, wie überzeugend nachgewiesen worden ist[38]. Hingegen hat der Wolfenbütteler Cod. Guelf. 532 Helmstedt, eine Sammelhandschrift aus dem Anfang des 9. Jahrhunderts, die ebenfalls im Vorbesitz des Matthias Flacius Illyricus war, Weißenburg als Bibliotheksheimat, was vor allem an dem äußeren Merkmal eines Signaturbuchstabens gut erkennbar ist[39]. Das bedeutet aber, daß nicht alle Bände der Weißenburger Bibliothek in einem geschlossenen Verband geblieben sind, bis sie schließlich nach Wolfenbüttel kamen, und daß einige, wie auch immer, schon früher aus diesem Verband gelöst worden sind und zum Beispiel in die Hand des Matthias Flacius Illyricus gelangen konnten. In dessen Hand aber war auch die Otfridhandschrift Pal. lat. 52, so daß zunächst erwogen werden muß, ob sie nicht im Mittelalter in Weißenburg verblieben ist oder ob dieser Annahme irgendwelche Gründe entgegenstehen.

5. Das Weißenburger Ausleihverzeichnis

Zum mindesten könnte sie zeitweilig ausgeliehen gewesen sein. Die Wolfenbütteler Handschrift Weissenburg 35 trägt auf Blatt 113v und Blatt 114r ein Ausleihverzeichnis[40], das teilweise durch Rasur gelöscht, was bei Rückgabe eines Buches erfolgte, und durch die Anwendung von Reagenzien im vorigen Jahrhundert schwer beeinträchtigt ist.

Einige Eintragungen geben sichere Anhaltspunkte für die Datierung des Verzeichnisses. Auf Blatt 114r steht in der zweiten Zeile: *Anno habet decreta pontificum romanorum* mit dem präzisierenden Zusatz: *anno episcopus librum* I. Ein Bischof Anno hatte also eine Dekretalenhandschrift, vermutlich zum Abschreiben, ausgeliehen.

Auf Blatt 113v steht in der ersten Zeile: *Sigihelus habet regulam feminarum prestitam ad monasterium andelaha.* Da das hier gemeinte Kloster Andlau bei Schlettstadt a. 880 gegründet wurde, ergibt sich mit diesem Jahr ein terminus a quo, der aber ausschließt, daß in der anderen Zeile etwa

---

[37] Sieh beispielsweise: W. Milde, Mittelalterliche Handschriften der Herzog August Bibliothek, S. XVIII; H. Butzmann, Die mittelalterlichen Handschriften der Gruppen Extravagantes, Novi und Novissimi, S. 84f., 272f., 327f., 397f.: Extravagantes und Novi aus dem Vorbesitz des Matthias Flacius Illyricus; insbesondere: O. von Heinemann, Die Helmstädter Handschriften, I–III, passim; I, S. IX; Handschriften aus dem Vorbesitz des Matthias Flacius Illyricus auch in anderen Beständen der Herzog August Bibliothek Wolfenbüttel.
[38] H. Butzmann, Kleine Schriften, S. 56f.
[39] H. Butzmann, Kleine Schriften, S. 102, Anmerkung 90a.
[40] Abgedruckt bei: J. Kelle, Die Formen- und Lautlehre der Sprache Otfrids, S. XVIf.; O. Lerche, Zentralblatt für Bibliothekswesen 27 (1910) S. 443, mit verbesserten Lesungen. — Dazu jetzt vor allem: H. Butzmann, Kleine Schriften, S. 73f.; H. Butzmann, Die Weissenburger Handschriften, S. 146. — Die Herzog-August-Bibliothek Wolfenbüttel stellte einen Mikrofilm der betreffenden Seiten zur Verfügung.

Bischof Anno von Freising gemeint ist, da dieser schon a. 875 starb. Gemeint ist Anno von Worms, der in den Jahren 950 bis 978 dort Bischof war, was eine entsprechende Datierung des Verzeichnisses auf eben diesen Zeitraum ermöglicht und die zunächst vorgenommene Datierung auf die Zeit um das Jahr 900 ausschließt.

Die neuerdings vorgetragene Meinung, das Weißenburger Ausleihverzeichnis gehöre dem späteren 9. Jahrhundert an und sei ‚zu Unrecht‘ in das 10. Jahrhundert gesetzt worden[41], ist durch keinerlei Argument gestützt. Die Übereinstimmung einzelner Namen mit Eintragungen in Weißenburger Mönchslisten, die insgesamt nur bis zum Jahre 865 gehen sollen, kann die Argumente für die um ein Jahrhundert spätere Datierung des Ausleihverzeichnisses nicht aufheben, weckt umgekehrt aber beträchtliche Zweifel an solchen offenbar als ‚Identifizierungen‘ gemeinten Parallelisierungen[42]. Über die Grenzen und Möglichkeiten der Identifizierung genannter Personen aufgrund der Namen ist im Grunde schon zu Anfang dieses Jahrhunderts gehandelt worden[43], und zwar so, daß vor allem die Grenzen angesichts der Datierung des Ausleihverzeichnisses deutlich hervortreten. Weitreichende Folgerungen aus dem Ausleihverzeichnis für Weißenburg im 9. Jahrhundert[44] haben in der Datierung keine Stütze.

Weitreichende Folgerungen hatte man aus einer heute unleserlich gewordenen Eintragung auf Blatt 113v (unten, abgesondert von den andern) gezogen und daraus auch die irrige Datierung abgeleitet[45]. An der betreffenden Stelle soll *habet euangl. theodiscum* gestanden haben und einige Buchstaben, die sich zu *Frisingensis episcopus* hätten ergänzen lassen. Darin sah man Erzbischof Waldo von Freising, der hier (wie in der Freisinger Otfridhandschrift F) also lediglich Bischof genannt worden wäre, der in den Jahren 884 bis 906 amtierte, was zur entsprechenden Datierung des Ausleihverzeichnisses führte. In Waldos Auftrag war die Abschrift F angefertigt worden: *Uualdo episcopus istud euangelium fieri iussit. Ego sigihardus indignus presbyter scripsi*[46]. So konnte sich die Annahme einstellen, die in Weißenburg (heute in Wien) befindliche Otfridhandschrift V sei an ihn aus-

---

[41] So: W. Haubrichs, Otfrid von Weißenburg, S. 411, Anmerkung 28, mit ungenauen Hinweisen auf Fußnoten eines anderen Aufsatzes, in denen von einem ‚Weißenburger Bibliotheksverzeichnis‘ gesprochen wird: W. Haubrichs, Zeitschrift für die Geschichte des Oberrheins 118 (1970) S. 1–42.

[42] Sieh im einzelnen: W. Haubrichs, Zeitschrift für die Geschichte des Oberrheins 118 (1970) S. 17 (zum Zeitraum der Listen und der Traditionen), S. 33, Anmerkung 108, 109, 113, S. 34, Anmerkung 115 (jeweils mit Namenparallelen aus dem Ausleihverzeichnis). Zur Kritik an dem in dem Aufsatz angewandten Identifizierungsverfahren sieh auch: E. Neuß, BNF. NF. 13 (1978) S. 140f. und Anmerkung 66. Sieh zur Kritik weiterhin: D. Geuenich, Das Verbrüderungsbuch der Abtei Reichenau, S. XLIV, Anmerkung 18.

[43] O. Lerche, Zentralblatt für Bibliothekswesen 27 (1910) S. 444–447.

[44] W. Haubrichs, Otfrid von Weißenburg, S. 411, Anmerkung 28.

[45] J. Kelle, Die Formen- und Lautlehre der Sprache Otfrids, S. XVII–XX.

[46] J. Kelle, Otfrids von Weissenburg Evangelienbuch. Text und Einleitung, Text S. 388; E. v. Steinmeyer, Die kleineren althochdeutschen Sprachdenkmäler, S. 102.

geliehen und, was die teilweise erfolgte Rasur beweise, von ihm auch wieder
zurückgegeben worden. Die schöne Spekulation, die sich aus den Literatur-
geschichten offensichtlich nicht verbannen läßt[47], ist mit der Neudatierung
hinfällig geworden. Auch die Rekonstruktion des *Frisingensis episcopus* er-
weist sich im nachhinein als sehr fraglich[48]. Heute sind nach Ausweis der
Mikrofilmaufnahme noch Reste einiger Buchstaben erkennbar, aus denen
man wahrscheinlich *euangl. theodiscum* lesen konnte, als noch mehr zu
sehen war.

Sonst ist in dem Verzeichnis neben Andlau und Worms (*Anno*) noch
Klingenmünster in der Pfalz in der ersten Zeile von Blatt 114r (*Ad monasterium Clingon*) faßbar, so daß ,sich die Weissenburger Bände nicht allzu-
weit von ihrer Heimat entfernt' haben[49], was als Hinweis von einem gewissen Wert sein könnte.

Das *euangelium theodiscum* und seine Identifizierung mit Otfrids Werk
braucht nicht angezweifelt zu werden. Wohl aber ist seine Identifizierung
mit der Otfridhandschrift V nicht ohne weiteres möglich, da es ja auch die
Otfridhandschrift P gewesen sein könnte[50], die in der zweiten Hälfte des
10. Jahrhunderts zeitweilig an einen Unbekannten ausgeliehen wurde, sofern sie sich um diese Zeit noch in Weißenburg befand. Wir müssen aber
zunächst weiteren Indizien nachgehen.

6. Die Neumen

Einige nachträgliche Eintragungen im Codex Pal. lat. 52 verdienen be-
sonderes Interesse, da sie womöglich Anhaltspunkte für die Geschichte der
Handschrift bis zu ihrem Auftauchen in Augsburg geben können. Dazu gehört zunächst etwa die Neumierung zweier Zeilen auf Blatt 17v (Otfrid I,
5, 3.4)[51]. Die Neumen stehen über den obersten Zeilen einer linken Seite, so
daß sie wenigstens über zwei volle Seiten im Auge behalten werden konnten.
Es wird sich um die Notiz eines Lektors für seinen eigenen Gebrauch han-

---

[47] Dazu: W. Kleiber, Otfrid von Weißenburg, S. 22 und Anmerkung 18. — G. Ehrismann, Geschichte der deutschen Literatur bis zum Ausgang des Mittelalters, I, S. 180 und
Anmerkung 5: O. Lerche wird zitiert, die alte Auffasssung aber beibehalten.

[48] H. Butzmann, Kleine Schriften, S. 74.

[49] H. Butzmann, Kleine Schriften, S. 74.

[50] H. de Boor, Die deutsche Literatur von Karl dem Großen bis zum Beginn der höfischen Dichtung, S. 75: „... entliehene Handschrift, die vielleicht V war oder ihr jedenfalls
sehr nahestand und in die Gruppe der unter Otfrids Augen hergestellten Abschriften gehörte'.

[51] J. Kelle, Die Formen- und Lautlehre der Sprache Otfrids, Tafel 4; E. Jammers, Ot-
frid von Weißenburg, S. 122, Abbildung 1; E. Jammers, Tafeln zur Neumenschrift, Tafel 10,
S. 80f.; J. Kelle, Otfrids von Weissenburg Evangelienbuch. Text und Einleitung, Text
S. 31; O. Erdmann, Otfrids Evangelienbuch, S. XLVI, 24; P. Piper, Otfrids Evangelienbuch,
I, S. 44; G. Ehrismann, Geschichte der deutschen Literatur bis zum Ausgang des Mittel-
alters, I, S. 79.

deln[52], was Benutzung der Handschrift für den Vortrag signalisiert. Die Neumen werden etwas später als der Text, auch später als die sonstigen Akzente der Handschrift eingetragen worden sein, möglicherweise im gleichen Skriptorium, also in Weißenburg[53], vielleicht aber auch an anderer Stelle, wenn die Handschrift ihre Bibliothek früh verlassen hat.

Da es sich dem Typ nach um Neumen handelt, wie sie am Oberrhein verwandt wurden, haben sich vor allem die St. Galler Neumen zum Vergleich angeboten, dann Reichenauer, Lorscher und Mainzer Neumen. Gewisse Unterschiede scheinen, bei manchen Ähnlichkeiten, gegen St. Gallen und Reichenau zu sprechen, eher in die ‚Nachbarschaft‘ von Lorsch, Mainz und Würzburg zu führen[54], was natürlich nicht heißen muß, daß der Codex dorthin gelangt wäre, was es aber durchaus heißen kann, da sich in Weißenburg selbst diese ‚Nachbarschaft‘ im Sinne der Ähnlichkeit gerade nicht finden lassen will[55]. Auch St. Gallen wäre beispielsweise nicht ganz auszuschließen. Doch läßt sich ein Plädoyer für St. Gallen nicht mit der Behauptung begründen, daß sich ‚der Kodex‘ dort ‚ja befand‘[56]. Das eben wäre zu beweisen, nicht einfach vorauszusetzen.

So bleiben mit Blick auf die Neumen verschiedene Erwägungen möglich, Eintragung in Weißenburg selbst, was sich nicht ausschließen läßt, oder Eintragung im näheren oder weiteren Umkreis von Weißenburg an einem Ort, für den aber zusätzliche Anhaltspunkte zunächst fehlen. Immerhin ist mit den Neumen und den angedeuteten musikgeschichtlichen Bemühungen dieser Umkreis von Weißenburg sichtbar geworden, mit dem also zu rechnen sein wird.

Er erweitert sich vor unsern Augen aber auch noch. Bei dem Versuch der Einordnung der Neumen ist auch auf den ‚Leipziger Codex 169, der mit Regino von Prüm in Verbindung gebracht wird und um 900 geschrieben wurde‘, aufmerksam gemacht und sogar gefolgert worden, daß ein bestimmtes Zeichen ‚sich in abgelegenen fränkischen Klöstern Deutschlands wie Prüm oder Weißenburg länger erhalten‘ habe[57]. Ein unmittelbarer Hinweis auf Prüm ist mit dem genannten Codex aber in Wahrheit nicht gegeben. Denn Regino war um die betreffende Zeit schon aus Prüm vertrieben und hielt sich bis zu seinem Tode im Jahre 915 in Trier auf, wo er auch seine bedeutendsten Werke verfaßte, die *epistola de armonica institutione*, die er Erzbischof Radbod von Trier, das *libellum de synodalibus causis aeclesiasticisque disciplinis*, das er circa a. 906 Erzbischof Hatto von Mainz, und seine

[52] Sieh etwa: K. H. Bertau–R. Stephan, Otfrid von Weißenburg, S. 199.
[53] Hierzu vor allem: E. Jammers, Otfrid von Weißenburg, S. 120–129. Dazu: K. H. Bertau–R. Stephan, Otfrid von Weißenburg, S. 193–204. Sieh auch: Ch. Petzsch, Otfrid von Weißenburg, S 219–228.
[54] E. Jammers, Otfrid von Weißenburg, S. 123–125 und Anmerkung 30. – Sieh auch: E. Jammers, Tafeln zur Neumenschrift, Tafel 7–11 (oberrheinische Neumen), 12 (Mainz), 37–39 (Metzer Schrift oder Metzer Einschlag).
[55] Dazu auch: K. H. Bertau–R. Stephan, Otfrid von Weißenburg, S. 200.
[56] K. H. Bertau–R. Stephan, Otfrid von Weißenburg, S. 200.
[57] E. Jammers, Otfrid von Weißenburg, S. 124.

Chronik, die er im Jahre 908 Bischof Adalbero von Augsburg, dem Erzieher des ostfränkischen Königs, widmete[58].

Mit Reginos Widmungen zeigt sich dessen Orientierung in den bisher aufgezeigten Umkreis von Weißenburg hinein, wozu noch seine ursprünglich stärkeren westfränkischen Bindungen zu denken sind. Die Verbindungen können mithin weitreichend sein, was aber hier nicht auch weitreichenden Spekulationen Tür und Tor öffnen soll.

Als zu Weißenburgs Umkreis im erläuterten Sinne gehörig wird jedenfalls auch Trier zu sehen sein, außerdem Metz, auf das wegen seiner langen Geltung für die Pflege des gregorianischen Gesangs der Blick der Musikhistoriker im Zusammenhang der Neumen gefallen war[59]. Es sei jetzt schon darauf hingewiesen, daß sich auch sehr konkrete andere Beziehungen zwischen Metz und Weißenburg aufzeigen lassen[60]. Hier ging es zunächst nur um die Sichtbarmachung eines ‚Halbrunds‘ um Weißenburg, das sich etwa durch Reichenau, St. Gallen, Lorsch, Mainz, Trier, Metz markieren läßt. In diesem Raum bestehen für unsere Fragen viele Möglichkeiten der Antwort. Nähere Festlegungen verbieten sich vorerst aber.

7. Federproben

Von Interesse ist auch der Kicila-Vers auf fol. 90r, über den weiter unten[61] ausführlicher gehandelt wird.

Zu beachten sind noch einige Federproben auf fol. 202r[62]: In der Mitte[63] oben steht: *Sim noz*. Der letzte Buchstabe ist fraglich. Darunter ist von gleicher Hand eingetragen: *In principio erat uerbum et uerbum erat*. Die Zeile darunter ist unleserlich. Hier soll: *fone d.....* vor hundert Jahren noch lesbar gewesen sein[64]. In einigem Abstand darunter steht von jüngerer Hand: *cofrozzodim*, etwas darunter kopfständig übereinander von gleicher oder doch gleichzeitiger Hand: *cunnegund..* und *guunfrid*[65].

---

[58] F. Kurze, Reginonis abbatis Prumiensis chronicon cum continuatione Treverensi, S. V–VII, XVIII–XX, 1–153. — Zur Vertreibung Reginos jetzt auch: W.-R. Schleidgen, Die Überlieferungsgeschichte der Chronik des Regino von Prüm, S. 2 und Anmerkung 6 (mit weiterer Literatur).

[59] Sieh: W. Kleiber, Otfrid von Weißenburg, S. 235, Anmerkung 261.

[60] Sieh weiter unten.

[61] Sieh weiter unten: II. Zum Kicila-Vers.

[62] K. Bartsch, Die altdeutschen Handschriften der Universitäts-Bibliothek in Heidelberg, S. 3; P. Piper, Otfrids Evangelienbuch, I, S. 48]; O. Erdmann, Otfrids Evangelienbuch, S. XL; E. v. Steinmeyer, Die kleineren althochdeutschen Sprachdenkmäler, S. 98; K. Siemers, PBB. 39 (1914) S. 100. — Eine Photographie von fol. 202r jetzt bei: W. Haubrichs, Georgslied und Georgslegende im frühen Mittelalter, S. 529, Abbildung 4.

[63] Auch für das Folgende ungenau die Beschreibung der Federproben bei: W. Haubrichs, Georgslied und Georgslegende im frühen Mittelalter, S. 61 f.

[64] P. Piper, Otfrids Evangelienbuch, I, S. 48].

[65] K. Siemers, PBB. 39 (1914) S. 100. — Die Universitätsbibliothek Heidelberg stellte eine Photographie der Seite zur Verfügung.

Links unten, in der Mitte unten und in großem Abstand davon auf der Mitte der Seite rechts kann man (zum Teil nur unter der Quarzlampe) erkennen: *suert, sahs sahzs* und noch einmal *suert*. Bei *sahs* ist das letzte *s* nicht ganz ausgeführt oder nicht ganz geglückt. Es handelt sich aber (auch nach Überprüfung unter der Quarzlampe) kaum um ein *r*, wie neuerdings angegeben wird [66], so daß auch alle weitreichenden (und ohnehin sehr gewagten, ja haltlosen) Folgerungen, insbesondere, es handle sich um einen Reflex des Georgsliedes, das *shar* (neben *sar*) hat [67], gegenstandslos sind. Die Schreibungen *sahs* und *sahzs*, bei der die merkwürdige Ausführung des *z* zum mindesten Schwierigkeiten macht, sind Versuche der Wiedergabe der bekannten Waffenbezeichnung [68], was gerade nichts mit der besonderen ,*h*-haltigen' Graphie des Georgsliedes zu tun hat. Es handelt sich lediglich um Federproben, denen auch keine besondere Publikumsbestimmung beigemessen werden sollte [69].

Die Eintragung der Namen dürfte ,nicht später als 900', die der anderen Federproben im Laufe des 10. Jahrhunderts erfolgt sein [70]. Sie helfen für die Geschichte des Codex nicht weiter, da aus ihnen allein nicht einmal geschlossen werden kann, daß der Codex im 9./10. Jahrhundert Weißenburg verlassen hätte. Natürlich sprechen die Federproben auf fol. 202r für sich genommen auch nicht gegen eine solche Annahme.

[66] W. Haubrichs, Georgslied und Georgslegende im frühen Mittelalter, S. 62.

[67] Wörtlich: W. Haubrichs, Georgslied und Georgslegende im frühen Mittelalter, S. 74: ,Es ist eine evtl. Überlieferung des Textes außerhalb des Codex unicus zu berücksichtigen. Eine solche war bisher nicht bekannt. Sie existiert jedoch — in der gleichen Handschrift, welche den Haupttext enthält. Bei näherem Hinsehen erweisen sich nämlich die oben genannten Federproben auf F. 202r (*suert/sahr/sahzs*) als deutliche Reflexe von GL. Die beiden ersten Wörter kommen im Text vor [sic!], ,*sahzs*' weist sich durch seine besondere (*h*-haltige) Orthographie aus und dürfte der im Text verlorenen Partie von GL entstammen. Die Existenz dieser Federproben beweist [sic!]: (a) die Existenz einer Fassung von GL im 10. Jh. in dem Skriptorium, in dem sich damals der Palatinus befand; (b) die Zugehörigkeit wesentlicher Charakteristika der Orthographie des Haupttextes zur Vorstufe desselben. Nach diesem Fund kann die propädeutische Frage nach dem Charakter der Textüberlieferung als beantwortet gelten; die folgende Untersuchung des Haupttextes nach äußeren [sic!] Kriterien kann nur noch bestätigende und differenzierende Hinweise liefern. Sie ist jedoch in anderer Hinsicht notwendig. Eine Untersuchung des Verhaltens des letzten Abschreibers wird — auf nun gesicherter [sic!] Prämisse — dazu beitragen können, Kriterien für die Unterscheidung von Textüberlieferung (T), Vorlage (V) und womöglich Original (O) zu gewinnen'. — S. 74, Anmerkung 41: ,Damit erscheint hinter den überlieferten und rekonstruierten Texten ein ,Werk', dessen Rezeption und Wirkung zu verfolgen ist' [sic!]. — S. 95: ,Der *h*-Zusatz verrät ein System, das sicherlich auf O zurückgeht, aber durch charakteristische Umstellungen von V korrumpiert wurde: diese Behauptung wird durch die Federproben *sahzs* (aus *shazs* [sic!]) und *sahr* [sic!] (aus *shar*) gestützt'.

[68] Sieh zum Beispiel: *scrībsahs* st. N. ,Schreibgriffel, Schreibfeder' im althochdeutschen Tatian; *scarsahs* st. N. ,Schermesser' bei Notker; R. Schützeichel, Althochdeutsches Wörterbuch, S. 172, 169; zahlreiche Glossenbelege für *sahs* und Komposita bei: E. G. Graff, Althochdeutscher Sprachschatz, VI, Sp. 90f.

[69] Sieh: W. Haubrichs, Georgslied und Georgslegende im frühen Mittelalter, S. 62, Anmerkung 10, in falscher Analogie mit Bezugnahme auf: G. Baesecke, ADA. 43 (1924) S. 112f.

[70] Angaben nach B. Bischoff: W. Haubrichs, Georgslied und Georgslegende im frühen Mittelalter, S. 62.

8. Das Spendenverzeichnis

Frühe Beachtung gefunden haben schließlich Einträge auf fol. 202v: *Sancto saluatori. vallis* [?][71] ....[72] *marię solidus I. et denarios*[73]. *II. et sancto urso ac sancto mar*.....[74] *idus*[75]. *I. et sanctę uerenę. denarios. II. et sanctę cruci. II. et sancto petro. II. et sanctę margaretę. II. et sancto ypolito. II. et iterum sancto martino. II. et sancto nazario. II. et sancto sulpicio. IIII.*[76], mit denen Geldbeträge für bestimmte Kirchen oder Altäre notiert werden.

Der Eintrag stammt wohl aus der zweiten Hälfte des 10. Jahrhunderts[77], vielleicht nahe beim Jahre 950[78]. Es folgt ein Eintrag des 16. Jahrhunderts (eine Folienzählung: *Sunt folia numero centum nonaginta quatuor*), sowie die weiter oben schon behandelte, weithin ausgekratzte Notiz mit der Jahreszahl 1555, Matthias Flacius Illyricus betreffend.

Das ‚Spendenverzeichnis‘[79] auf fol. 202v könnte einen Hinweis auf den Aufenthalt der Handschrift zum Zeitpunkt dieser Eintragung geben oder auch darauf, wo sie sich wahrscheinlich nicht oder nicht mehr befunden haben wird, wenn die Überlegung richtig ist, daß die Tatsache, daß keiner der Heiligen vorkommt, die in Weißenburg verehrt wurden, gegen eine Aufzeichnung des Verzeichnisses in Weißenburg spricht[80]. Diese Überlegung ist aber offensichtlich nicht zwingend, da mit dem Spendenverzeichnis eine Stiftung festgehalten sein könnte, die sich gerade auf andere als die örtlichen Kirchen und Altäre bezog.

Außerdem ist die Voraussetzung nicht zutreffend, da gerade in Weißenburg mehrere der Heiligen schon früh bezeugt sind, die in dem Verzeichnis erscheinen. Aufzeichnungen vom Ende des 8. und Anfang des 9. Jahrhun-

---

[71] Schwer lesbare Stelle. Mit Mühe erkennbar: *val*, mit einem deutlichen Kürzungsstrich durch das *l*. [72] Völlig zerstörte Stelle. [73] Anfangsbuchstaben stark verblaßt. [74] Zerstörte Stelle mit Buchstabenresten. [75] Schwer erkennbarer Rest, vermutlich von *solidus*. [76] Hier mit weitgehend aufgelösten Abkürzungen, jedoch ohne Ergänzungsversuche. — Man vergleiche: J. Kelle, Die Formen- und Lautlehre der Sprache Otfrids, S. XXXI; P. Piper, Otfrids Evangelienbuch, I, S. 48] (mit einer wohl versehentlich entstandenen Auslassung). — Eine ergänzte Lesung, jedoch ohne Auflösung von Kontraktionen und spezifischen Abkürzungszeichen und nicht in allen Einzelheiten richtig jetzt bei: W. Haubrichs, Georgslied und Georgslegende im frühen Mittelalter, S. 62, dazu mit der Ankündigung einer Abbildung an anderer Stelle, ebenda, S. 61, Anmerkung 6. — Die Universitätsbibliothek Heidelberg stellte Photographien der Schlußseiten des Codex zur Verfügung. [77] Angabe nach B. Bischoff: W. Haubrichs, Georgslied und Georgslegende im frühen Mittelalter, S. 62. [78] Nach einer erneuten Überprüfung von H. Jakobs, der B. Bischoffs Datierung also bestätigt. [79] So schon: P. Piper, Otfrids Evangelienbuch, I, S. 46]; E. v. Steinmeyer, Die kleineren althochdeutschen Sprachdenkmäler, S. 98. [80] So: J. Kelle, Die Formen- und Lautlehre der Sprache Otfrids, S. XXXI: ‚... kommt nämlich keiner der Heiligen vor, welche in Weissenburg verehrt wurden, was gewiss nicht der Fall wäre, wenn sich die Handschrift zur Zeit dieser Aufzeichnung in Weissenburg befunden hätte. Wo aber die in diesem stets unbeachteten Verzeichnis aufgeführten Heiligen verehrt wurden, kann ich nicht angeben. Ich weiss nur, dass man Nazarius in Lorsch, Verena in Zurzach verehrte‘.

derts[81] nennen Kirchweihen in oder bei dem Kloster Weißenburg, darunter für den 14. Mai: *dedicatio basilice s. Petri*, für den 14. September: *dedicatio basilice s. Salvatoris. Sancto saluatori* aber steht gleich am Anfang des Verzeichnisses, *sancto Petro* in der dritten Zeile. In den alten Weißenburger Kirchweihen erscheinen überdies die Heiligen Maria und Martin und außerdem Heiligkreuz, jedoch immer in Verbindung mit jeweils anderen Patrozinien, so daß die entsprechenden Vorkommen in dem Spendenverzeichnis (*marię; et iterum sancto martino; et sanctę cruci*) nicht auf diese Kirchen oder Kapellen gemünzt sein werden.

Andererseits sind Petrus und Salvator[82] auch anderswo früh anzutreffen. Das von der Kaiserin Richardis gestiftete Kloster Andlau (nordwestlich von Schlettstadt) wird a. 880 (und öfter) als *ecclesia s. Salvatoris* bezeugt[83].

Beim Petruspatrozinium könnte man an St. Peter in Metz denken, das beispielsweise a. 960 in einer Urkunde Ottos I.[84] erscheint, oder an St. Peter in Worms[85], was wieder auf den Oberrhein weist.

Das Petruspatrozinium ist beispielsweise auch sehr früh in Murbach[86] (im südlichen Elsaß) zu finden, jedoch neben Maria, Leudegar und anderen Heiligen, so daß Murbach in dem Verzeichnis wohl kaum gemeint sein wird. Ähnliches gilt für eine Reihe anderer Kirchen, die hier nicht im einzelnen genannt zu werden brauchen.

Die Nennung *et sancto Petro* könnte jedoch auf Zürich und seinen Umkreis weisen. St. Peter in Zürich wird schon um die Mitte des 9. Jahrhunderts genannt[87] und dürfte auch von einiger Bedeutung gewesen sein. Die schwäbische Herzogin Reginlinde ließ kurz vor ihrem Tode (a. 958) auf der Insel Ufnau im Zürichsee eine Peterskirche erbauen. Hier wird das Patrozinium aus dem nahen Zürich also fortgepflanzt. Die neue Kirche entstand unweit einer älteren Martinskirche[88], so daß schon auf der Insel zwei Heilige[89] beisammen sind, die auch in dem Spendenverzeichnis, dort aber nicht nebeneinander, erscheinen. Für Petrus bliebe auch die Frage, welche Kirche denn gemeint sein soll, wenn Zürich und sein Umkreis wirklich in Betracht zu ziehen sind.

---

[81] M. Barth, Handbuch der elsässischen Kirchen im Mittelalter, Sp. 1686f.

[82] Sieh auch: J. Dorn, Archiv für Kulturgeschichte 13 (1917) S. 245 (Peter), 248 (Salvator).

[83] M. Barth, Handbuch der elsässischen Kirchen im Mittelalter, Sp. 65. — Zu Andlau sieh auch weiter oben (zum Weißenburger Ausleihverzeichnis). — Zu dem Salvatoraltar in Einsiedeln sieh weiter unten.

[84] Diplom Ottos I. 210, MGH. Die Urkunden der deutschen Könige und Kaiser. I. Die Urkunden Konrad I. Heinrich I. und Otto I., S. 289f.

[85] Diplom Ottos I. 151 (a. 952), MGH. Die Urkunden der deutschen Könige und Kaiser. I, S. 231 (und öfter).

[86] M. Barth, Handbuch der elsässischen Kirchen im Mittelalter, Sp. 888.

[87] H. Wicker, Beiträge zur Geschichte der Zürcher Pfarreien im frühen Mittelalter, S. 41–52; H. Wicker, St. Peter in Zürich, S. 17, 48–52; A. Nüscheler, Die Gotteshäuser der Schweiz, III, S. 377; H. Maurer, Der Herzog von Schwaben, S. 62, Tafel S. 59 (und öfter).

[88] P. Kläui, Ausgewählte Schriften, S. 40–43; A. Nüscheler, Die Gotteshäuser der Schweiz, III, S. 501; H. Maurer, Der Herzog von Schwaben, S. 73–75.

[89] Zu Martin sieh auch: J. Dorn, Archiv für Kulturgeschichte 13 (1917) S. 241f.

Mit Zürich und seinem Umkreis wäre für das 10. Jahrhundert zweifellos ein Vorort des Herzogs von Schwaben mit karolingischer Tradition ins Blickfeld getreten[90], in dem die Königsgewalt im 11. Jahrhundert jedoch wieder Oberhand bekam. Das sollte aber nicht zu noch so ansprechenden, tatsächlich aber ungesicherten Spekulationen verleiten wie etwa dieser, daß das Spendenverzeichnis auf eine Seelgerätstiftung der Herzogswitwe Reginlinde für ihren verstorbenen Gatten Hermann I. von Schwaben zu beziehen sei[91]. Dazu bedürfte es wirklich sicherer Anhaltspunkte, die bisher nicht erkennbar sind. Das Spendenverzeichnis bietet in Wahrheit keinerlei Hinweis auf den genaueren Zweck oder auf den ‚Spender', wiewohl es sich durchaus um eine Seelgerätstiftung handeln kann.

Lediglich die Patrozinien können Anhaltspunkte bieten, und zwar für den Raum, in dem die betreffenden Kirchen zu suchen sind, aber kaum in allen Fällen auch für eine sichere Bestimmung der jeweiligen Kirche selbst. Schon für Salvator bieten sich Weißenburg und Andlau an, für Petrus Weißenburg, Metz, Worms, Zürich und Ufnau und in beiden Fällen vermutlich auch noch andere Kirchen des Südwestens[92] im weitesten Sinne. So ist im Marchtal schon für das 8. Jahrhundert eine *cella Sancti Petri* bezeugt, die der schwäbische Herzog Hermann II. um das Jahr 994 erneuerte[93]. Auch diese Kirche wäre also in Betracht zu ziehen, und zwar auch dann, wenn das Ganze im Rahmen des schwäbischen Herzogtums bleiben müßte. In Betracht zu ziehen wären schließlich auch Peterskirchen im burgundischen Solothurn und seinem Umkreis[94].

Es wird aber zunächst zweckmäßig sein, bei der weiteren Analyse des Spendenverzeichnisses das Augenmerk auf solche Kirchenheilige zu richten, die für die relativ frühe Zeit auffällig oder die stärker regional gebunden sind. Die Nennung *sancto urso ac sancto mar . . . .* wird zu *martino* zu ergänzen sein[95] und sich auf Solothurn beziehen[96], in dessen Umkreis sich schon früh Martinskirchen nachweisen lassen[97].

---

[90] H. Maurer, Der Herzog von Schwaben, S. 57-75.

[91] So: W. Haubrichs in einem noch nicht vorliegenden Werk, nach: H. Maurer, Der Herzog von Schwaben, S. 176, Anmerkung 326.

[92] Sieh beispielsweise auch: H. Roth, St. Peter und St. Martin bei Waldkirch. Ein Beitrag zur Frühgeschichte des Elztales unter Berücksichtigung der St. Peters- und St. Martinskirchen im Breisgau; A. Nüscheler, Die Gotteshäuser der Schweiz, I, II, III, passim; F. Jehle, Die Geschichte des Stiftes Säckingen, I, S. 5.

[93] Th. L. Zotz, Der Breisgau und das alemannische Herzogtum, S. 177, Anmerkung 325; H. Maurer, Der Herzog von Schwaben, S. 167; Germania pontificia. Congessit A. Brackmann, II. Pars I, S. 216.

[94] B. Amiet, Solothurnische Geschichte, I, 164, 171 und öfter.

[95] Diese Ergänzung ohne nähere Begründung jetzt bei: W. Haubrichs, Georgslied und Georgslegende im frühen Mittelalter, S. 62.

[96] Auf Solothurn wies für den heiligen Ursus schon: H. Butzmann, Kleine Schriften, S. 47. — Sieh auch: J. Dorn, Archiv für Kulturgeschichte 13 (1917) S. 250. — B. Amiet, Solothurnische Geschichte, I, S. 164 und öfter.

[97] B. Amiet, Solothurnische Geschichte, I, S. 153f. und Anmerkung 528.

Das folgende *sanctę uerenę* bezieht sich, wie man [98] stets bemerkt hat, auf Zurzach, dessen Geschichte seit der Zeit um das Jahr 800 im Zusammenhang des Kultes der heiligen Verena heute gut erforscht [99] ist. Enge Beziehungen des Doppelklosters bestanden mit dem Kaiserhaus der Karolinger wie mit der schwäbischen Herzogsfamilie und dem burgundischen Königshaus [100]. Eine Blüte der Verehrung der Heiligen ist im 10. Jahrhundert zweifelsfrei zu erkennen, auch enge Verknüpfung Zurzachs mit der Reichenau [101]. Schon früh befanden sich Reliquien der heiligen Verena an anderen Orten des alemannischen Raumes, a. 843 in einem schwer identifizierbaren *Burc* (wohl in Hohenzollern) [102], vermutlich im 10. Jahrhundert in Herznach (im Kanton Aargau nördlich von Aarau) und sicher im 10. Jahrhundert auch in St. Gallen [103], so daß in dem Verzeichnis auch eine dieser Kirchen gemeint sein könnte. Doch ist in der Tat am ehesten an das Zentrum der regional gebundenen Verehrung der heiligen Verena zu denken, an Zurzach [104].

Mit Solothurn und Zurzach könnte schon in etwa der Bereich angedeutet sein, in dem auch die übrigen Patrozinien des Verzeichnisses zu suchen sind. So tritt Margareta im Südwesten mit Einschluß der Schweiz früher als anderswo auf [105]. Schon a. 926 wird eine Kirche mit diesem Patrozinium in Waldkirch (nordöstlich von Freiburg im Breisgau) bezeugt [106], die als Gründung des schwäbischen Herzogshauses anzusehen ist. Nach einer Quelle des 12. Jahrhunderts hat Bischof Widerold von Straßburg a. 991/999 dem Kloster Eschau (südlich von Straßburg) eine Kapelle *s. Margaretae* übertragen [107]. Bei der Nennung in dem Spendenverzeichnis (*et sanctę margaretę*) wird jedoch am ehesten an Waldkirch [108] zu denken sein.

---

[98] Zum Beispiel: J. Kelle, Die Formen- und Lautlehre der Sprache Otfrids, S. XXXI; H. Butzmann, Kleine Schriften, S. 47.

[99] A. Reinle, Die heilige Verena von Zurzach, S. 11–25 (mit Quellen und Literatur); J. Dorn, Archiv für Kulturgeschichte 13 (1917) S. 251.

[100] A. Reinle, Die heilige Verena von Zurzach, S. 20–22, 61–65.

[101] A. Reinle, Die heilige Verena von Zurzach, S. 48–70; W. Haubrichs, Zeitschrift für die Geschichte des Oberrheins 126 (1978) S. 37f.

[102] Zum Identifizierungsproblem: Th. L. Zotz, Der Breisgau und das alemannische Herzogtum, S. 95, Anmerkung 189.

[103] A. Reinle, Die heilige Verena von Zurzach, S. 23–25 (mit den Nachweisen).

[104] Zu Zurzach sieh auch: Th. L. Zotz, Der Breisgau und das alemannische Herzogtum, S. 63 und öfter; H. Maurer, Der Herzog von Schwaben, S. 169f. (mit weiteren Hinweisen) und öfter; H. Tüchle, Kirchengeschichte Schwabens, I, S. 111. — An Zurzach scheint auch W. Haubrichs zu denken (nach: H. Maurer, Der Herzog von Schwaben, S. 49, Anmerkung 84).

[105] M. Zender brieflich.

[106] Germania pontificia. Congessit A. Brackmann, II. Pars I, S. 193; M. Wetzel, Waldkirch im Elztal, S. 26; Th. L. Zotz, Der Breisgau und das alemannische Herzogtum, S. 81 (mit weiterer Literatur); H. Maurer, Der Herzog von Schwaben, S. 163f. (mit weiterer Literatur) und öfter; J. Dorn, Archiv für Kulturgeschichte 13 (1917) S. 238; H. Tüchle, Kirchengeschichte Schwabens, I, S. 148, 160.

[107] M. Barth, Handbuch der elsässischen Kirchen im Mittelalter, Sp. 1776.

[108] An Waldkirch scheint auch W. Haubrichs zu denken (nach einer Andeutung von: H. Maurer, Der Herzog von Schwaben, S. 164, Anmerkung 234).

Die Nennung des heiligen Hippolytus (*et sancto ypolito*) bezieht sich wahrscheinlich auf St. Pilt im Oberelsaß, wo bei der Gründung des Klosters a. 764 Reliquien des Heiligen bezeugt sind, das schon a. 853 St. Pilt genannt wird und wo Heinrich II. a. 1003 eine Urkunde ausstellte (*Actum in sancto Hypolito*)[109], so daß der Ort eine gewisse Bedeutung gehabt haben wird. Allerdings ist das Patrozinium im 9. Jahrhundert auch schon in Gerresheim bezeugt[110], das aber wohl weniger in Betracht kommt.

Beim heiligen Nazarius (*et sancto Nazario*) wird man sogleich an Lorsch denken[111]. Aber auch in Brumath nördlich von Straßburg erbaute der Abt von Lorsch in der zweiten Hälfte des 10. Jahrhunderts eine Kirche, die die Heiligen Nazarius und Celsus als Patrone hatte[112]. Auch sonst kommt Nazarius und Celsus auf Lorscher Besitz häufiger vor, und zwar schon in Gründungen der zweiten Hälfte des 8. Jahrhunderts[113], so etwa in Handschuhsheim (im Norden vonHeidelberg)[114], in Menzingen (nordöstlich von Bruchsal)[115], in Zazenhausen (nordwestlich von Cannstadt)[116], in Ergenzingen (südöstlich von Nagold, nordöstlich von Horb)[117].

Die Bestimmung der Kirche, die mit Sulpitius gemeint ist (*et sancto sulpicio*), bereitet zunächst Schwierigkeiten. In Ellwangen[118] wird Sulpitius immer wenigstens zusammen mit Servilianus genannt, so daß womöglich eine Kirche in der Westschweiz gemeint ist, die dem Bischof Sulpitius von Bourges geweiht war, in der Diözese Lausanne etwa Font (westlich von Freiburg im Üchtland, nahe der Ostseite des Neuenburger Sees)[119], das im

---

[109] M. Barth, Handbuch der elsässischen Kirchen im Mittelalter, Sp. 1203 (mit weiteren Angaben); J. Dorn, Archiv für Kulturgeschichte 13 (1917) S. 233.

[110] J. Dorn, Archiv für Kulturgeschichte 13 (1917) S. 233.

[111] So etwa: J. Kelle, Die Formen- und Lautlehre der Sprache Otfrids, S. XXXI. — Sieh: Diplom Ottos I. 95 (a. 948), MGH. Die Urkunden der deutschen Könige und Kaiser. I, S. 178 (und öfter); Codex Laureshamensis. Herausgegeben von K. Glöckner, I, S. 273 (Chronik, 3) und öfter; II, S. 3 (167) und öfter; J. Dorn, Archiv für Kulturgeschichte 13 (1917) S. 243.

[112] M. Barth, Handbuch der elsässischen Kirchen im Mittelalter, Sp. 200; Codex Laureshamensis. Herausgegeben von K. Glöckner, I, S. 353 (K 70, Anmerkung). — Zur Bedeutung von Brumath: Th. L. Zotz, Der Breisgau und das alemannische Herzogtum, S. 29 f., 46, 53, 57 ff., 133, 147, 204; zu Lorscher Besitz im Breisgau: Ebenda, S. 25 und öfter.

[113] Codex Laureshamensis. Herausgegeben von K. Glöckner, III, S. 321 (Register).

[114] Codex Laureshamensis. Herausgegeben von K. Glöckner, II, S. 70 (320), 73 (327).

[115] Codex Laureshamensis. Herausgegeben von K. Glöckner, III, S. 6 (2207).

[116] Codex Laureshamensis. Herausgegeben von K. Glöckner, III, S. 33 (2420).

[117] Codex Laureshamensis. Herausgegeben von K. Glöckner, III, S. 107 (3230).

[118] J. Dorn, Archiv für Kulturgeschichte 13 (1917) S. 250; H. Tüchle, Kirchengeschichte Schwabens, I, S. 100 und öfter; Germania pontificia. Congessit A. Brackmann, II. Pars I, S. 107–109; zur Bedeutung von Ellwangen: Th. L. Zotz, Der Breisgau und das alemannische Herzogtum, passim; H. Maurer, Der Herzog von Schwaben, passim; H. Tiefenbach, ZDA. 104 (1975) S. 12–20.

[119] M. Benzerath, Zeitschrift für Schweizerische Kirchengeschichte. Revue d'Histoire Ecclésiastique Suisse 6 (1912) S. 196 f.; 8 (1914) S. 59 (Patrozinium St. Sulpitius nicht schon sehr früh erwähnt).

Jahre 1011 in einer burgundischen Königsurkunde als *Font regale castellum*[120] erscheint, also eine gewisse Bedeutung gehabt haben muß.

Mit der Heiligkreuzkirche (*et sanctę cruci*) könnte das Kloster Säckingen[121] gemeint sein, das königliches Eigenkloster unter den Karolingern und unter den Ottonen Reichskloster war und dessen Bedeutung im hellsten Licht der Geschichte steht[122].

Die Identifizierung der Kirche, die mit *marię* an vorher zerstörter Stelle erscheint[123], bereitet größere Schwierigkeiten. Zunächst kann nicht gesagt werden, was vorher tatsächlich gestanden hat. Es war sicherlich mehr als ein (auf drei Buchstaben abgekürztes) *sancte*, möglicherweise: *dei genitricis*, aber auch noch eine Angabe über die Höhe der Spende[124] an die vorher genannte Erlöserkirche, falls diese nicht durch *ac* mit der folgenden Marienkirche verbunden war, so wie gleich danach in der nächsten Zeile zwei Kirchen verbunden sind. Eventuell war auch eine einzige Kirche mit ihren beiden Patrozinien genannt. Maria erscheint schon früh häufiger als Nebenpatron zu Salvator[125], so beispielsweise in Stettwang, in Lindau, in Worms. Das deutet manche Möglichkeit an, erklärt aber nicht das bei dem Eintrag *Sancto saluatori* stehende *vallis* [?].

In der a. 948 geweihten Kirche von Einsiedeln[126] erhob sich in der Mitte die Zelle Meinrads als Erlöserkapelle (*ad sanctum salvatorem*), gegenüber dem östlichen Hauptaltar, der Maria[127] geweiht war, und umgeben von einem Kranz von weiteren zehn Altären, einer mit einer Martinsreliquie[128]. Ein *altare sancti Salvatoris ad crucem* befand sich aber im Langhaus fast aller Klosterkirchen dieser Zeit[129]. Ebenso häufig könnten Marienaltäre gewesen sein, so daß sich die Verbindung Salvator und Maria an verschiedenen Plätzen einstellen mochte, was weitere und andere Vermutungen zuläßt (sofern man auch *vallis* [?] erklären kann).

Im übrigen ist das Marienpatrozinium gerade in großen und bedeutenden Kirchen anzutreffen, was gerade auch für das Oberrheingebiet und die

---

[120] MGH. Die Urkunden der burgundischen Rudolfinger. Bearbeitet von Th. Schieffer unter Mitwirkung von H. E. Mayer, Diplom 99, S. 255 (Zeile 33).

[121] J. Dorn, Archiv für Kulturgeschichte 13 (1917) S. 227; H. Tüchle, Kirchengeschichte Schwabens, I, S. 52; F. Jehle, Die Geschichte des Stiftes Säckingen, I, S. 5. — Sieh auch: H. Maurer, Der Herzog von Schwaben, S. 179 (mit weiteren Hinweisen).

[122] An Säckingen scheint auch W. Haubrichs zu denken (nach: H. Maurer, Der Herzog von Schwaben, S. 179, Anmerkung 346).

[123] Sieh weiter oben.

[124] W. Haubrichs, Georgslied und Georgslegende im frühen Mittelalter, S. 62, vermutet: *solid. I (?)*.

[125] J. Dorn, Archiv für Kulturgeschichte 13 (1917) S. 239f.

[126] H. Keller, Kloster Einsiedeln im ottonischen Schwaben, S. 32-34.

[127] Sieh auch: Germania pontificia. Congessit A. Brackmann. II. Pars II, S. 65-70; S. 70 (Leo VIII a. 964): *. . . ut capellam unam in honore s. Dei genitricis semper virg. Mariae 18 kol. oct. illic consecraret . . .*

[128] Zu Martin sieh weiter oben.

[129] H. Keller, Kloster Einsiedeln im ottonischen Schwaben, S. 32 (mit weiteren Hinweisen).

heutige Schweiz gilt. So ist das Marienpatrozinium für das Münster zu Straßburg vom beginnenden 8. Jahrhundert an, insbesondere auch im 10. und 11. Jahrhundert[130], nachzuweisen. Ähnliches läßt sich für das Liebfrauenmünster in Konstanz (*ecclesia s. Mariae, urbis Constantiae*)[131] sagen. In Rheinau[132] steht Maria neben Petrus und Blasius, in Stein am Rhein[133], dessen Kirche vom Hohentwiel dorthin verlegt wurde, neben Georg und Cyrillus, in Chur[134] neben Lucius, in Disentis[135] neben Martin und Petrus, wobei das Martinspatrozinium im Vordergrund steht, in Murbach[136] neben Petrus und vor allem Leudegar. Das Marienpatrozinium finden wir sodann in Churwalden, in Pfäfers, in Basel und nicht zuletzt auf der Reichenau[137]. Aber auch anderswo ist es früh anzutreffen, so beispielsweise in Gossau[138] im Kanton Zürich.

Die durchaus unsystematische Umschau in den in Betracht kommenden Quellen zeigt im Grunde nur die Vielzahl der Möglichkeiten, die gerade bei diesem Patrozinium besteht. Vermutlich weist die resthafte Eintragung *marię* auf eine der großen und um die Mitte des zehnten Jahrhunderts bedeutenden Kirchen wie Straßburg, Basel, Konstanz, Chur, Pfäfers oder Reichenau. Insbesondere Pfäfers und die Reichenau dürfen dabei nicht übersehen werden, was für sich genommen aber nicht einmal in den Rang einer Vermutung gehoben werden kann. Hingegen sind einige der anderen Patrozinien relativ sicher zu lokalisieren: Ursus in Solothurn, Verena in Zurzach, Heiligkreuz in Säckingen, Margareta in Waldkirch, Hippolytus in St. Pilt, Nazarius am ehesten in Lorsch oder in Brumath, Sulpitius vielleicht in Font, Salvator möglicherweise in Andlau oder in Weißenburg oder auch anderswo, so wie sich für Petrus und Martin jeweils mehrere Möglichkeiten

---

[130] M. Barth, Handbuch der elsässischen Kirchen im Mittelalter, Sp. 1429f.

[131] Germania pontificia. Congessit A. Brackmann, II. Pars I, S. 140f.

[132] Germania pontificia. Congessit A. Brackmann, II. Pars II, S. 21f.

[133] Germania pontificia. Congessit A. Brackmann, II. Pars II, S. 25f.

[134] Germania pontificia. Congessit A. Brackmann, II. Pars II, S. 96 (Ludwig der Fromme a. 831): s. *Curiensis ecclesia, quae constat esse constructa in honore s. Mariae semper virg.*

[135] Germania pontificia. Congessit A. Brackmann, II. Pars II, S. 103–107.

[136] Germania pontificia. Congessit A. Brackmann, II. Pars II, S. 275f.; M. Barth, Handbuch der elsässischen Kirchen im Mittelalter, Sp. 888. — Sieh auch weiter oben.

[137] Germania pontificia. Congessit A. Brackmann, II. Pars II, S. 100f.; 108–113; 230f.; Pars I, S. 147–152. — Sieh auch: Diplom Lothars I. 63 (a. 841), MGH. Die Urkunden der Karolinger. III. Bearbeitet von Th. Schieffer, S. 172f.: ... *aliquantum ex rebus iuris [nostri] in valle Curualensae ad quandam conferimus cellulam, cuius vocabulum est Serras et constructa habetur in honore beatae dei genitricis semperque virginis Mariae et aliorum sanctorum ...* — Diplom Ottos I. 191 (a. 958), MGH. Die Urkunden der deutschen Könige und Kaiser. I, S. 273: Otto schenkt der bischöflichen Kirche von Chur drei Kirchen in der Umgebung, darunter eine Martinskirche (zu Martin sieh weiter oben) und eine Kirche *dei genitricis Mariae*. — Diplom Ottos I. 120 (a. 950), MGH. Die Urkunden der deutschen Könige und Kaiser. I, S. 202: ... *sancti Fabariensis monasterii quod constructum est in honore sanctę Marię dei genitricis in pago Retia vocato ...* — Diplom Ottos I. 116 (a. 950), MGH. Die Urkunden der deutschen Könige und Kaiser. I, S. 198: ... *in honore beatę Marię dei genitricis constructa.* — Dazu weitere Beispiele.

[138] A. Nüscheler, Die Gotteshäuser der Schweiz, III, S. 287.

zeigten. Im ganzen aber sind wir mit den relativ festen Punkten auf ein Gebiet verwiesen, an dem Schwaben und Burgund Anteil hat, womöglich bis nach Rätien, Franken und ins Elsaß. Es ist jedenfalls ein übergreifendes Gebiet, das den in dem Spendenverzeichnis nicht erkennbaren Spender sozusagen auf eine höhere, am ehesten königliche Warte weist. Die Eintragung mag in einem Reichskloster erfolgt sein, also etwa in Zurzach, Zürich, St. Gallen oder auf der Reichenau. Mehr als eine derartige Vermutung läßt sich aus dem Spendenverzeichnis allein nicht gewinnen.

9. Initialen

Ein wichtiger, von der Germanistik, so weit man sieht, nicht beachteter Fingerzeig für den Weg des Codex Pal. lat. 52 ist bei näherem Zusehen in seinem Schmuck gegeben, wie von bibliothekswissenschaftlicher Seite in einer faszinierenden Abhandlung[139] demonstriert worden ist. Die Initialen des Heidelberger Codex erweisen sich nämlich als schwache Imitationen nach einer anderen Handschrift, nämlich dem Codex Guelf. 61 Weissenburg, der zu den schönsten Handschriften aus der Weißenburger Bibliothek gehört, die sich in Wolfenbüttel befinden. Der Vergleich mit anderen Weißenburger Arbeiten erbringt jedoch, ,daß sie nicht in Weissenburg geschrieben sein kann'[140]. Sie wurde aber auch nicht etwa in St. Gallen geschrieben, das als Herkunftsort des Codex Pal. lat. 52 zeitweilig in Betracht gezogen worden ist[141], was aber der Prüfung[142] nicht standhalten konnte. Wohl ist damit zu rechnen, daß der Codex Guelf. 61 Weissenburg aus Metz stammt[143].

Er diente noch einer anderen Wolfenbütteler Handschrift als Vorbild, nämlich dem Codex Guelf. 48 Weissenburg, was wiederum den Initialschmuck anbelangt. Der Gesamtcharakter dieser Handschrift aber entspricht einer Schreibstube, ,die im Wirkungsbereich von St. Gallen stand, einem Scriptorium im Bodenseegebiet also'[144], wie im einzelnen gezeigt wird.

Zunächst ist festzuhalten, daß drei Handschriften in einem besonderen Verhältnis zueinander stehen, was ihren Schmuck betrifft. Der Codex Guelf. 48 Weissenburg und der Codex Pal. lat. 52 haben den Codex Guelf. 61 Weissenburg als gemeinsame Vorlage, und zwar ohne Mittelglieder. Darüber hinaus zeigt sich, daß der Zeichner des Codex Pal. lat. 52 auch den Codex Guelf. 48 Weissenburg als Muster benutzt hat[145]. Die Zeitfolge der

---

[139] H. Butzmann, Kleine Schriften, S. 42–47, mit den Abbildungen 6–13 auf den Tafeln VI–IX.   [140] H. Butzmann, Kleine Schriften, S. 43.
[141] Brauer, Die deutsche Literatur des Mittelalters. Verfasserlexikon, III, Sp. 653; sieh auch: H. Brauer, ZDPh. 55 (1930) S. 261–268.
[142] H. Butzmann, Kleine Schriften, S. 43.
[143] H. Butzmann, Kleine Schriften, S. 45: ,Auf Befragen äußerte Bernhard Bischoff die Vermutung, daß Cod. Guelf. 61 Weiss. aus Metz stamme. Alle Zeichen, nicht zuletzt das Wort eines Kenners von größtem Überblick, weisen auf die alte karolingische Zentrallandschaft, das Rhein-Mosel-Gebiet'.
[144] H. Butzmann, Kleine Schriften, S. 44.   [145] H. Butzmann, Kleine Schriften, S. 44f.

Handschriften ist Codex Guelf. 61 Weissenburg, dann Codex Guelf. 48 Weissenburg, schließlich Codex Pal. lat. 52[146].

Für die schwierigere Ortsbestimmung ist wichtig, daß der Codex Guelf. 48 Weissenburg ,in den deutschen Südwesten' gehört, in den Einflußbereich von St. Gallen. Dort muß dann auch die Vorlage benutzt worden sein, der Codex Guelf. 61 Weissenburg[147]. Beide hatte der Palatinus zur Vorlage, der aber in Weißenburg entstanden ist, wohin die beiden andern Handschriften ja gelangt sind. Daraus resultiert die überzeugende Annahme[148], daß der Palatinus ,als Gegengabe für die beiden Handschriften' Codex Guelf. 48 Weissenburg und Codex Guelf. 61 Weissenburg an das Kloster gegeben wurde, in welchem der Codex Guelf. 48 Weissenburg entstanden war. ,Wenn der Weissenburger Zeichner die Initialen der beiden Handschriften sich zum Vorbild nahm, so könnte man auch das als eine Gegengabe, eine Dankesgeste auffassen'[149].

Eine Zeitlang müssen sich demnach alle drei Handschriften in Weißenburg befunden haben, während der der Zeichner des Codex Pal. lat. 52 sich der Vorlagen bedient hätte. Der Codex Guelf. 61 Weissenburg könnte von seinem kunstfertigen Meister mitgebracht worden sein oder von dem namenlosen Schreiber dieses Codex, der ,an Handschriften Weissenburger Herkunft mitgearbeitet hat'[150]. Diese Erwägung wird sich nicht einfachhin abtun lassen. Konnte ein Schreiber aus anderer (vermutlich Metzer) Schule in Weißenburg tätig sein, so ist das natürlich ebenso von einem Schreiber denkbar, der in St. Gallen oder in seinem Umkreis schreiben gelernt hat.

Solche Erwägungen sind spekulativ und insofern wertlos, würde mit ihnen nicht der Finger auf die schwache Stelle gelegt, daß das weiter oben schon berührte Spendenverzeichnis ,beweisen' soll, daß ,die neue Otfrid-Abschrift für ein Kloster der Bodenseegegend geschrieben war' und daß ,das althochdeutsche Georgslied, das am neuen Standort der Handschrift später zugefügt wurde' nach der Reichenau verweise[151], was aber gerade erst zu beweisen wäre.

Eventuell war der Palatinus auch Gegengabe für die vermutlich Metzer Handschrift. Die Betrachtung der Neumen[152] hatte Metz schon in den Gesichtskreis gerückt. Dann müßte der Codex Guelf. 48 Weissenburg aus anderen als den bisher angenommenen Gründen vorher nach Weißenburg gelangt oder aber dort von einem anderswo geschulten Schreiber geschaffen worden sein. Die Frage der Eintragung des Georgsliedes ist bis zu diesem Punkt der Überlegungen ohnehin noch nicht beantwortet, nicht einmal ausdrücklich gestellt. Es bleibt aber das Spendenverzeichnis und seine Lokalisierung, und es gewinnt unversehens an Gewicht.

---

[146] H. Butzmann, Kleine Schriften, S. 45.   [147] H. Butzmann, Kleine Schriften, S. 46.
[148] H. Butzmann, Kleine Schriften, S. 47.   [149] H. Butzmann, Kleine Schriften, S. 47.
[150] H. Butzmann, Kleine Schriften, S. 77.
[151] H. Butzmann, Kleine Schriften, S. 47. — Zu der Annahme, daß der Codex aus fuggerschem Besitz a. 1584 in die kurpfälzische Bibliothek zu Heidelberg gelangt sei, sieh weiter oben.   [152] Weiter oben.

II. Zum Kicila-Vers

1. Die Eintragung

Im Codex Pal. lat. 52 steht auf fol. 90r folgende Eintragung: *Kicila / diu scona min filo / l[a]s*[1]. Der Vers ist am unteren Rand, wohl von einer Hand aus der Mitte des 11. Jahrhunderts, über drei Zeilen verteilt eingeritzt. Die unterste Zeile ist durch Beschneiden des Blattes beim Buchbinden in Mitleidenschaft gezogen. Doch ist die Rekonstruktion *l[a]s* zweifelsfrei.

2. Die Langzeile

Die Zeilen muten wie eine epische Langzeile an, deren metrischer Aufbau sich wie von selbst ergibt, sobald man eine natürliche Iktenverteilung vornimmt:

> *Kícilà diu scónà / mín fílu lás.*

An zwei Kurzverse ist nicht zu denken, ebensowenig an eine sogenannte binnengereimte Langzeile[2]. Vielmehr tritt eine deutliche Innengliederung hervor, vor allem durch den Kadenzwechsel zwischen Anvers und Abvers, ohne daß diese Gefugtheit die Außengliederung ‚an Wucht' überträfe[3]. Anvers und Abvers sind aufeinander abgestimmt und miteinander in Spannung gehalten, was durch die Syntax mitgetragen wird. Als eine der beiden häufigsten ‚Fugungsformen' gilt[4]: „... im ununterbrochen fließenden Satz füllt ein einzelnes herausgehobenes Satzglied die eine, der Rest oder Teile des Satzes die andere Kurzzeile ... Der Nebensatz, Unterglied höherer Gruppenordnung, ebenso wie das in sich geschlossene, an keiner anderen Stelle einen Einschnitt zulassende Satzglied, das eine metrische Einheit für sich beansprucht und füllt, sind Gebilde von jener relativen sprachlichen Geschlossenheit, wie sie hier erfordert werden'.

---

[1] O. Behaghel, Germania. Vierteljahrsschrift für deutsche Alterthumskunde 24 (1879) S. 382; K. Bartsch, Die altdeutschen Handschriften der Universitäts-Bibliothek in Heidelberg, S. 3; O. Erdmann, Otfrids Evangelienbuch, S. XLVI. — Neuerdings wird auf eine Abbildung hingewiesen, die in dem betreffendem Buch aber nicht auffindbar ist: W. Haubrichs, Georgslied und Georgslegende im frühen Mittelalter, S. 61, Anmerkung 5.

[2] Zur Kritik dieses Begriffs: W. Schröder, Festschrift Josef Quint, S. 194–202.

[3] Zur Definition: H. de Boor, ZDPh. 58 (1933) S. 1 (und öfter).

[4] H. de Boor, ZDPh. 58 (1933) S. 2.

Der klassische Boden solcher Langzeilen ist die Heldenepik, an deren Verse man sogleich erinnert wird, zum Beispiel Nibelungenlied 18,1[5]:

Kríemhìlt in ir múotè / sich mínne gár bewác.

Auch im Minnesang sind entsprechende Beispiele[6] anzutreffen:

Ich enwárt nie réhte vró, /wan só ich si sách.

Der Kicila-Vers bezeugt diese Form mithin schon viel früher.

Selbstverständlich ist nicht anzunehmen, daß diese Langzeile aus einem größeren Zusammenhang stammt. Sie mag dem Schreiber unwillkürlich in diese Form geraten sein, da ihm solche Form vertraut war. Womöglich hat er sie des Inhalts wegen auch ganz bewußt gewählt. Ein Bezug auf den Inhalt der betreffenden Seite (Otfrid III. 12, 29–44; 13,1) besteht aber offensichtlich nicht. Otfrids Verse sind auch anders gestaltet, wiewohl es bei ihm gelegentlich reimlose (wie auch stabreimende)Verse gibt[7]. Jedenfalls verdient die Formung des Kicila-Verses Beachtung.

3. Das redende Buch

Beachtung verdient auch der Inhalt, und zwar zunächst insofern, als uns hier ein Buch als Person, nämlich als redendes Buch begegnet. Der Genitiv des Personalpronomens der ersten Person Singular, *mīn*, der hier für das Syntagma mit Hilfe des *filo* einen sogenannten Genitivus partitivus signalisiert[8], den wir heute durch einen lokalen präpositionalen Ausdruck mit Dativ wiedergeben, weist auf das Buch als Person, genauer: als redende Person, zurück: ,Gisela, die schöne, hat viel in mir gelesen' (nicht: ,von mir'[9], was mißverständlicherweise auf den Autor bezogen werden könnte).

Für das so personifizierte Buch[10] bieten sich jüngere Parallelen aus der mittelhochdeutschen Literatur des 13. Jahrhunderts[11] an: *ich bin genant Bescheidenheit* (Freidanks Bescheidenheit); *ich bin der Borte genant, höveschen liuten sol ich sín bekant, den argen sol ich vremde sín . . . man sol*

---

[5] Das Nibelungenlied. Nach der Ausgabe von K. Bartsch herausgegeben von H. de Boor, S. 7; H. de Boor, ZDPh. 58 (1933) S. 3.

[6] Des Minnesangs Frühling . . . bearbeitet von H. Moser und H. Tervooren, I, S. 314 (3,5), nach der handschriftlichen Überlieferung, dort mit Längenzeichen und ohne Ikten. — Anders: H. de Boor, ZDPh. 58 (1933) S. 19, dort mit Längenzeichen: *ich enwárt nie réhte vró / wan só ich sí gesách.*

[7] Beispiele bei: J. Kelle, Otfrids von Weissenburg Evangelienbuch. Text und Einleitung, Einleitung S. 59.

[8] Zum Genitiv *mīn* auch R. Schützeichel, Sprachwissenschaft 4 (1979) S. 104–120; R. Schützeichel, Textgebundenheit, S. 131–142.

[9] So etwa: O. Behaghel, Germania. Vierteljahrsschrift für deutsche Alterthumskunde 24 (1879) S. 382; H. Brauer, ZDPh. 55 (1930) S. 266.

[10] Zu dem sich selbst vorstellenden Buch: G. Lohse, Bibliothekswelt und Kulturgeschichte, S. 178 f. (mit weiterer Literatur).

[11] Nachweise bei: A. Leitzmann, Studien zu Freidanks Bescheidenheit, S. 20–22.

*mich höveschen liuten lesen, die suln mit mir vrôlîch wesen durch ir tugent
manicvalt* (Der Borte des Dietrich von der Glezze); *ich bin ein buoch, alsô
getiht daz nieman bôsheit übersiht, daz dâ nieman vertreit noch durch liep
noch durch leit* (Das Buch der Rügen); *ich bin ein minnebüechelîn und tuon
manegem helfe schîn: swer volget mîner lêre, der hât vrum und êre. ich
heize der minne vürgedanc, mich hât ein man mit sinnen kranc berihtet
vlîzeclîche* (Der minne vürgedanc); *ich heize ein spiegel der tugende und
ein magezoge der jugende* (Ein Gedicht im Codex palatinus 341).

Die Tatsache, daß die Belege zumeist erst aus der zweiten Hälfte des
13. Jahrhunderts stammen, bedeutet nicht, daß die Personifizierung des
Buches vorher nicht begegnen könne, wiewohl die mittelhochdeutschen
Vorkommen, die immer in der Überschrift stehen, eine jüngere literarische
Mode bezeugen[12]. Diese jüngere Mode hängt eben auch mit dem relativ
späten Aufkommen des Buchtitels[13] zusammen. Der Kicila-Vers zeigt die
Personifizierung des Buches aber schon viel früher.

Auch lateinische Buchtitel könnten die Personifizierung andeuten, insbesondere etwa die aus Imperativsätzen gebildeten Titel[14], die mittelalterliche, insbesondere spätmittelalterliche Werke führen. Doch handelt es sich
bei dem Typus *Vade mecum* oder *Veni mecum* um Satzappellative, die zwar
eindeutig in der Form eines auf die erste Person zurückweisenden Imperativ-
satzes erscheinen, die aber tatsächlich ein sonstiges Nomen actionis vertreten und also in Wahrheit Appellative der dritten Person, der Nichtperson
sind, die mithin kein persönlich sich vorstellendes Buch repräsentieren
können: *Scito te ipsum* (Abélard), *Sci vias* (Hildegard von Bingen), *Dormi
secure* (Johannes von Werden) und andere. Entsprechendes gilt für Frage-
titel: *Cur deus homo?* (Anselm von Canterbury). Der Gesamtkomplex des
persönlich redenden Buches verdiente gleichwohl eine gesonderte sorgfältige
Untersuchung.

Dabei wäre auch die Antike mit ihren Wirkungen auf das Mittelalter zu
berücksichtigen. Im Griechischen wie in dem für das Mittelalter vielfach
vorbildlichen Bereich des Lateinischen werden Dichtungen[15] genannt, in

---

[12] So: A. Leitzmann, Studien zu Freidanks Bescheidenheit, S. 22.

[13] E. Schröder, Nachrichten von der Gesellschaft der Wissenschaften zu Göttingen. Philologisch-Historische Klasse. Neue Folge. Fachgruppe IV, S. 1–48; G. Lohse, Bibliothekswelt und Kulturgeschichte, S. 171–186.

[14] P. Lehmann, Erforschung des Mittelalters, V, S. 50f.

[15] Auf Anhieb in einem Schreiben von M. Sicherl. Für die aufgrund dieses Briefes und
der mitgeschickten Fotokopien im Text gemachten Angaben sieh im einzelnen: Anthologia Graeca. Buch IX–XI, ed. H. Beckby, 191, S. 118f.; 192, S. 120f.; 210, S. 128f.; Die Dichtungen des Kallimachos. Übertragen, eingeleitet und erklärt von E. Howald und E. Staiger,
Epigramme 6, S. 174–177; H. Beckby, Die griechischen Bukoliker, Theokrit XVI, 5–12,
S. 130f.; 458–462; P. Ovidius Naso. III, 1. Ediderunt R. Ehwald et F. W. Levy, Ex Ponto
libri, IV, 5, 30–44, S. 265; M. Valerii Martialis epigrammaton libri. Recognovit W. Heraeus,
X, 1, S. 226; I, 1, S. 11f.; I, 2, S. 12; I, 117, S. 39; II, 1, S. 40f.; VIII, 1, S. 175; XI, 1, S. 255;
XII, 2, S. 283. Sieh auch: Q. Horatius Flaccus, Sermones et Epistulae. Übersetzt und zu-
sammen mit H. Färber bearbeitet von W. Schöne, Epistulae I, 20, S. 196: *Vortumnum
Ianumque, liber, spectare videris ...* (Rede an ein Buch).

denen das Buch personifiziert und meist auch redend auftritt, in griechischen Epigrammen, in einem Epigramm des Kallimachos und weiterhin bei Theokrit. Bei ihm erscheinen die Bücher oder Gedichte personifiziert, sprechen aber nicht selbst. Doch berichtet der Dichter, wie sie ihn schelten. Bei Ovid sprechen die Bücher, ebenso bei Martial, wo an einigen Stellen jedoch eher der Dichter der Redende ist, der an anderen Stellen sein Buch wie eine Person anspricht. Der weite Bereich des antiken Schrifttums wäre auf diese Frage hin noch genauer zu untersuchen, ebenso die Wege des Einflusses auf das Mittelalter im einzelnen noch aufzudecken.

4. Die -c-Schreibung

Die Schreibung des Namens (*Kicila*) ist nicht ganz alltäglich, was vor allem die -c-Schreibung für -s- angeht, die hier vorliegt. Für die Affrikata *ts* ist die Schreibung *c* häufiger anzutreffen. Eine eindrucksvolle, wenn auch erst vorläufige Zusammenstellung ist bei Gelegenheit der Untersuchung bis dahin unbeachteter Aratorglossen, die im 11. Jahrhundert wahrscheinlich im Umkreis von Speyer in eine heute in Paris befindliche Handschrift eingetragen wurden, kürzlich vorgelegt worden[16]. Die Bezeichnung der dentalen Affrikata durch *c* folgt lateinisch-romanischer Schreibgewohnheit und ist vor allem, wenn auch nicht ausschließlich, in literarischen Denkmälern, Glossenhandschriften und Urkunden anzutreffen, die im engeren oder weiteren Sinn in romanische Nachbarschaft gehören: Straßburger Eide, Weißenburger Katechismus, Otfrid, Lorscher Bienensegen, Mainzer Beichte, Trierer Capitulare, Ludwigslied, Althochdeutsche Isidorübersetzung, Glossenhandschriften aus Lorsch, Mainz, Frankenthal, Pariser Abrogans-Handschrift, Codex Laureshamensis, mittelfränkische Glossen und mittelfränkische Namenschreibungen.

In germanisch-romanischer Nachbarschaft sind nun auch gelegentliche *c*-Schreibungen für *s* anzutreffen. So heißt es in den Pariser Gesprächen, ‚die zweifellos außerhalb des deutschen Sprachgebiets niedergeschrieben worden sind‘[17]: *Ca thenens cindes id est uade uiam uel ca dhenens hucgues* ‚Geh deines Weges‘[18]. Hier ist also anlautendes germ. *s-* in ahd. *sind* st. M. ‚Weg‘[19] durch *c*-Schreibung ausgedrückt (*cind*).

---

[16] H. Tiefenbach, Althochdeutsche Aratorglossen. Paris lat. 8318. Gotha Membr. II 115, S. 36–39: Zur Schreibung der dentalen Affrikata, mit Nachweisen und weiterer Literatur.

[17] B. Bischoff, FMSt. 5 (1971) S. 133.

[18] J. A. Huisman, RhVB. 33 (1969) S. 294 (91.); R. Schützeichel, Althochdeutsches Wörterbuch, S. XXIII (mit den weiteren Angaben). — Unsicher gegenüber dieser Stelle: W. Haubrichs, Georgslied und Georgslegende im frühen Mittelalter, S. 397. — Zur Herkunft der Pariser Gespräche: W. Haubrichs, ZDA. 101 (1972) S. 86–103; dazu mit Recht kritisch: E. Neuß, BNF. NF. 13 (1978) S. 170, Anmerkung 195: ‚sehr hypothetisch analog den methodisch fragwürdigen Verfahren G. Baeseckes‘. — Sieh zur Herkunftsfrage: R. Schützeichel, Die Grundlagen des westlichen Mitteldeutschen, S. 122–124.

[19] R. Schützeichel, Althochdeutsches Wörterbuch, S. 166.

Die älteren Karolingerdiplome haben häufiger -c-Schreibung für die dentale Affrikata und an solchen Stellen, die zum mindesten affrikataverdächtig
sind. Sie haben aber auch -c-Schreibung für -s-, so beispielsweise a. 768 in
einem im Original überlieferten Diplom Pippins: *Grucinhaim* (Grussenheim
südlich von Schlettstadt im Elsaß), a. 821 in einem im Original überlieferten
Diplom Ludwigs des Frommen: *in fine Frucelinse* (nicht identifiziert). Bemerkenswert sind auch folgende Schreibungen: *Berinscozo* a. 782 in einem
im Original überlieferten Diplom Karls des Großen für Hersfeld, in der -z-
aus -c- korrigiert ist; die ‚umgekehrte‘ Schreibung *Uurmasia* für sonstiges
Uuormacia; die Schreibungen *Sigusina* und *Sigucina* (und andere mehr)[20].
    In einer heute in Leipzig aufbewahrten Hildesheimer Handschrift des
9. Jahrhunderts, deren Vorlage vom Anfang des 9. Jahrhunderts datiert,
findet sich -c-Schreibung für postvokalisch verschobenes -t- in *kehecit* (zu
kehecen, das im Althochdeutschen sonst als *giheizan*[21] erscheint), und zwar
in einer Glosse, die schon der Vorlage angehört haben wird[22]. Auch hier
dürfte romanischer Einfluß vorliegen, ebenso wie in anderen graphischen
Besonderheiten der Glossen dieser Handschrift und auch in der Schreibung
k- für anlautendes *g-* vor hellem Vokal an dieser und an anderen Stellen,
die sich aus alter westfränkischer Tradition erklärt[23]. Die Möglichkeit der
c-Schreibung für sonst zu erwartendes *z* dürfte auch die umgekehrte Schreibung *z* für *c* in *portiz* (< *portic*) dieser Glossenhandschrift erkären[24].
    Für die Hildesheimer Handschrift mit ihren Glossen ist Aachener Vorlage mit einer wahrscheinlichen Zwischenstation Mainz anzunehmen, auch
wenn sich nicht feststellen läßt, wo diese Vorlage hergestellt und wo ihre
Glossen eingetragen wurden[25]. Für die Meinung, daß ‚das karolingische
Hauskloster Prüm‘ ‚als Heimat wohl in Frage‘ käme[26], fehlen einschlägige
Anhaltspunkte.
    Die Handschrift Köln Dombibliothek CVII aus dem 9. Jahrhundert trägt
in Köln zu lokalisierende althochdeutsche Glossen des gleichen Jahrhunderts und unter ihnen die Glosse *Bellicine* zu *Populeas*[27]. Diese Glosse ist
zu *belliz* st. M. ‚Pappel‘ zu stellen, von *pelliz* ‚Pelz‘ aber fernzuhalten und
bezeugt ebenfalls *c*-Schreibung für postvokalisch verschobenes -t.

---

[20] Nachweise im einzelnen bei: H. Menke, Das Namengut der frühen karolingischen
Königsurkunden, S. 193, 308, 278, 260.
[21] R. Schützeichel, Althochdeutsches Wörterbuch, S. 80 (mit den Varianten aus den literarischen Denkmälern).
[22] I. Frank, Die althochdeutschen Glossen der Handschrift Leipzig Rep. II. 6, S. 58, 134,
188, 191f.
[23] I. Frank, Die althochdeutschen Glossen der Handschrift Leipzig Rep. II. 6, S. 189–194,
196f. — Zum Typus dieser Graphie auch: F. Kauffmann, Germania 37 (1892) S. 249–254.
[24] I. Frank, Die althochdeutschen Glossen der Handschrift Leipzig Rep. II. 6, S. 186–188.
[25] I. Frank, Die althochdeutschen Glossen der Handschrift Leipzig Rep. II. 6, S. 225, 251–
254.
[26] So: W. Haubrichs, Georgslied und Georgslegende im frühen Mittelalter, S. 396.
[27] N. Kruse, Die Kölner volkssprachige Überlieferung des 9. Jahrhunderts, S. 195, 217–
223; zu dieser Handschrift jetzt erneut: R. Bergmann, Sprachwissenschaft 5 (1980) S. 1–14.

Eine Glosse in einer Kölner Handschrift des 11. Jahrhunderts (*himilici* st. M. N. ‚Zimmerdecke‘) ist ein Beleg für die *c*-Schreibung[28], jedoch für die Affrikata, was auch für Parallelen in oberdeutschen Handschriften[29] gilt und was durch mundartliches *Himm(e)letz* ‚Betthimmel, Baldachin‘[30] noch bestätigt wird.

Eine Handschrift des 11. Jahrhunderts aus St. Mihiel südlich von Verdun hat zu *Reciderunt* die Glossierung: *ana gefâcen*[31] (3. Pers. Plur. Ind. Perf. zu *anagefezzen* st. V. ‚auf jemanden fallen‘) also -*c*-Schreibung für die Frikativa, die in dieser Handschrift sonst als -*z*(*z*)- erscheint. Die Handschrift könnte durchaus in St. Mihiel geschrieben worden sein[32], wobei für einen größeren Teil der Glossen Vorlage aus alemannischem Raum anzunehmen wäre. Einer sprachlichen Untersuchung der Glossen, die im Gange ist, soll nicht vorgegriffen werden. Hier ging es lediglich um den Aufweis der *c*-Schreibung auch in diesem Codex.

Der Codex Laureshamensis hat -*c*-Schreibung für die dentale Affrikata an zahlreichen Stellen, hin und wieder vermutlich aber auch -*c*-Schreibung für -*s*- (gleich welcher Provenienz), zum Beispiel: *Rucilesheim* und *Rucilensheim* (Rüsselsheim westlich von Frankfurt); *Predium Hecelonis* (vielleicht zu *Hezil*), *Rucelines predium* (sieh: *Rucilesheim*), … *et Ocelenes pratum* (vielleicht zu *Ozilo*)[33]. Eine genauere Durchsicht steht noch aus.

Doppeltes *c* für germ. *ss* könnte in dem Personennamen *Hacco* in St. Gallen vorliegen[34], falls hier nicht mit der häufiger anzutreffenden Verlesung aus -*tt*- (also *Hacco* für *Hatto*) oder aber einer velarhaltigen Kurzform gerechnet werden muß, da *Hacco*, hier wie an anderen Stellen der St. Galler Überlieferung, neben so geschriebenem *Hasso* steht, was bisher nicht genau beachtet worden ist.

Ein Blick auf das Mittelniederländische[35] lehrt, daß hier die Schreibung *c* für *s* etwas häufiger Fuß gefaßt zu haben scheint.

Die seltene Graphie -*c*- für -*s*- weist insgesamt auf den Westrand der Germania hin, nach den bislang vorliegenden Zeugnissen, die nicht auf einer systematischen Durchsicht des gesamten in Betracht kommenden Materials beruhen, auf den Raum vom Bodensee bis in die Niederlande. Sie ist auch am ehesten aus romanisch-westfränkischem Einfluß zu erklären, wodurch neues

---

[28] G. Wolf, Der Sprachstand der althochdeutschen Glossen des Codex 81 der Kölner Erzdiözesanbibliothek, S. 59.

[29] Man vergleiche: E. G. Graff, Althochdeutscher Sprachschatz, IV, Sp. 944.

[30] H. Fischer, Schwäbisches Wörterbuch, III, Sp. 1592.

[31] H. Thoma, Althochdeutsche Glossen zum Alten Testament. Genesis-Deuteronomium-Numeri-Josue-Judicum, S. 21.

[32] H. Tiefenbach, BNF. NF. 11 (1976) S. 340–345.

[33] Codex Laureshamensis. Herausgegeben von K. Glöckner, III, 3673, S. 175; 3863, S. 271.

[34] H. Wartmann, Urkundenbuch der Abtei Sanct Gallen, I, 24 (a. 759, Kopie des 9. Jahrhunderts), S. 28; W. Mitzka, Beiträge zur hessischen Mundartforschung, S. 5 (mit ungenauen Angaben); W. Braune – H. Eggers, Althochdeutsche Grammatik, § 168, Anmerkung 4, S. 168 (mit ungenauer Angabe).

[35] A. van Loey, Middelnederlandse Spraakkunst, II, § 116, S. 116.

Licht auf merovingische Schreibungen fällt[36], möglicherweise auch auf merovingische Münzmeisternamen aus der Germania Prima (ohne genauere Lokalisierung) und aus Köln[37], während andererseits beim Geographen von Ravenna mit griechischem Einfluß bei seinen -c-Schreibungen für -s zu rechnen sein wird[38].

Die Schreibung des Namens *Kicila* mit -c- ist also nicht absolut ungewöhnlich. Eine nähere Lokalisierung der Eintragung außer auf den Westrand der Germania im weiten Sinne, ist damit jedoch nicht gegeben. Außerdem kann Weißenburg selbst für die Lokalisierung nicht ausgeschlossen werden, zumal, wenn man bedenkt, daß eine schöne Gisela den Band tatsächlich zeitweilig ausgeliehen haben könnte, was für einen Schreiber Anlaß zu seiner Einritzung gewesen sein mochte.

5. Die K-Schreibung

Indessen scheint anlautendes *k-* für *g-* auf den Süden zu weisen, südlicher als Weißenburg, etwa auf den Bodenseeraum im weiteren Sinne, obwohl auch hier diese Schreibung nicht durchgehend anzutreffen ist und bis zum 10./11. Jahrhundert hin in der Häufigkeit nachläßt[39]. Andererseits ist auch auf die weiter oben schon berührten mittelfränkischen *k*-Schreibungen für *g-*, meist vor hellem Vokal, hinzuweisen[40], so daß wiederum kein Ausschlag für den Süden oder Norden gegeben ist.

So ist es beispielsweise auch nicht möglich, eine oberdeutsche Herkunft Wipos, des Kaplans Konrads II., mit Hilfe solcher Namenschreibungen zu begründen[41]: *Cuntherus, Cozelo, Kebehardus, Kerbirga.* Hier wird vielmehr die Regelung deutlich, daß *G-* vor dunklem Vokal *C-*, vor hellem Vokal *K-* geschrieben wird, was nicht ohne weiteres sprachgeographische Rückschlüsse zuläßt.

Das wird in den Königsurkunden noch deutlicher. Im Jahre 896 schenkt Zwentibold der Äbtissin von Nivelles und Fosse, Gisela, den Herrenhof Seffent (nordwestlich von Aachen) und nennt sie in dem in Aachen ausgestellten kopial überlieferten Diplom[42]: *dilecta propinqua nostra nomine*

---

[36] N. Wagner, Sprachwissenschaft 1 (1976) S. 444–447.

[37] E. Felder, BNF. NF. 5 (1970) S. 14–22.

[38] N. Wagner, BNF. NF. 15 (1980) S. 9–24.

[39] W. Braune – H. Eggers, Althochdeutsche Grammatik, § 149. — Sieh auch: D. Geuenich, Die Personennamen der Klostergemeinschaft von Fulda im früheren Mittelalter, S. 207 (*G-, C-, K-* in Reichenauer Überlieferung).

[40] Sieh beispielsweise: R. Bergmann, Mittelfränkische Glossen, S. 175, 230, 289 (mit Belegen und älterer Literatur); J. Franck – R. Schützeichel, Altfränkische Grammatik, § 103, S. 130–133, 318 f. (mit weiterer Literatur).

[41] Die Werke Wipos. Herausgegeben von H. Bresslau, Einleitung, S. VII und Anmerkung 5.

[42] Diplom Zwentibolds 11, MGH. Die Urkunden der deutschen Karolinger. IV. Die Urkunden Zwentibolds und Ludwigs des Kindes. Bearbeitet von Th. Schieffer, S. 37 (Z. 17 f.).

Kisla gloriosissimi regis Lotharii filia. In einem in Frankfurt ausgestellten Originaldiplom Ludwigs des Kindes erscheint sie a. 907 als *Kisala*, in sonstigen kopial überlieferten Diplomen dieser Könige als *Gisla* oder *Gissela*[43].

Die -*ss*-Schreibung könnte der Reflex einer ursprünglichen -*c*-Schreibung sein, und zwar zur Wiedergabe der in dieser Schreibung vermuteten Andeutung scharfer Artikulation des -*s*-. Die Schreibung findet sich in Überlieferungen des 15. und 16. Jahrhunderts des a. 897 in Nivelles ausgestellten Diploms Zwentibolds 16.

Das Beispiel *Kisla, Kisala* demonstriert zusätzlich, daß die Schreibung des Namens *Gisela* im Kicila-Vers die Möglichkeit einer Lokalisierung des Eintrags von Aachen bis zu den Alpen mit Einschluß von Weißenburg offen läßt.

6. Kicila diu scona

Die Frage ist nun, wer die schöne Gisela gewesen sein könnte, die in dem Codex so viel gelesen hat. Aus der Geschichte des 9. und des 10. Jahrhunderts und bis zur Mitte des 11. Jahrhunderts bietet sich eine Reihe hochgestellter Persönlichkeiten dieses Namens an, wie schon früh gesehen worden ist[44]. Daß es sich um eine hochgestellte Persönlichkeit handeln dürfte, ist bei einem solchen Codex naheliegende Vermutung, wiewohl *Kicila* ohne jeden Titel (wie *abbatissa, ducissa, comitissa, regina, imperatrix* oder dergleichen) erscheint. Andernfalls wäre ihre Identifizierung womöglich erleichtert.

Doch war dieser Vers, fast unsichtbar eingeritzt am unteren Rand einer Seite, gerade nicht für eine ,Öffentlichkeit' bestimmt, wie eine urkundliche Wendung oder ein annalistischer oder chronikalischer Passus. Er deutet eher auf den geheimen Verehrer einer als ,schön' ausgezeichneten Dame hin, der ihrem Hause wohl nahegestanden haben wird. Ein Autogramm, wie man gemeint hat[45], dieser (sich dann selbst als schön bezeichnenden) Dame ist kaum anzunehmen. Das Epitheton ornans *diu scona* aber könnte Anhaltspunkt für die Identifizierung der gemeinten Dame sein.

Vornehmlich aus anderen Gründen war das Augenmerk auf die Kaiserin Gisela gefallen[46], die Gemahlin Konrads II. Im Jahre 1027 besuchte sie St.

---

[43] Diplom Ludwigs des Kindes 55, 57, 50; Diplom Zwentibolds 16, MGH. Die Urkunden der deutschen Karolinger. IV. Bearbeitet von Th. Schieffer, S. 182 (Z. 1), 184 (Z. 23), 175 (Z. 2), 46 (Z. 24).

[44] P. Piper, Otfrids Evangelienbuch, I, S. [45 f. — Sieh beipielsweise die Trägerinnen dieses Namens bei: H. Jakobs, Der Adel in der Klosterreform von St. Blasien, passim (Register: S. 322); E. Hlawitschka, Die Anfänge des Hauses Habsburg-Lothringen, passim (Register: S. 199).

[45] H. Brauer, ZDPh. 55 (1930) S. 266; so schon: O. Behaghel, Germania. Vierteljahrsschrift für deutsche Alterthumskunde 24 (1879) S. 382; O. Erdmann, Otfrids Evangelienbuch, S. XLVI.

[46] P. Piper, Otfrids Evangelienbuch, I, S. 46]; H. Brauer, ZDPh. 55 (1930) S. 226f.

Gallen[47]: *Gisela imperatrix simul cum filio suo Heinrico monasterium sancti Galli ingressa xeniis benignissime datis fraternitatem ibi est adepta.* In den St. Galler Verbrüderungslisten[48] findet sich der Name in den verschiedensten Listen und Einträgen in den Schreibungen *Gisila, Gisla, Gisala, Kisila, Kisala* und *Gesela,* falls diese Schreibung wirklich zu diesem Namen zu stellen ist, was bezweifelt werden muß. Bei der gegenwärtigen Editionslage ist es ohne sehr eingehende Forschungen nicht möglich, zu einigermaßen gesicherten Personenidentifizierungen zu gelangen und denjenigen Eintrag zweifelsfrei zu ermitteln, mit dem die Kaiserin Gisela womöglich gemeint ist. Das Zeugnis der Annalen zum Jahre 1027 ist auch für sich selbst genommen zweifelsfrei und jedenfalls sicherer als ein etwa nicht genau bestimmbarer Eintrag in einem Verbrüderungsbuch.

Zu der annalistischen Notiz ist ein Bericht zu stellen, den Ekkehard IV.[49] als Glossierung zu Versen auf seinen Lehrer Notker Labeo bringt: ... *psalterium in quo omnes qui barbaricam legere sciunt multum delectantur. Kisila imperatrix operum eius avidissima psalterium ipsum et Iob sibi exemplari sollicite fecit*[50].

Es ist nun nicht ohne weiteres ausgemacht, daß beide Ereignisse zusammengefallen sind, wie man[51] schnell angenommen hat, so naheliegend das auch sein mag. Die Bitte der Kaiserin um eine Abschrift der beiden Werke Notkers bezeugt jedenfalls ihr starkes Interesse an volkssprachiger Literatur, so daß sich leicht die Vermutung einstellen konnte, sie sei es auch gewesen, die nach Aussage des Kicila-Verses in Otfrids Werk so viel gelesen hat, sei es, daß sie das Buch ‚bei ihrer öfteren Anwesenheit in Mainz‘ kennenlernte[52], falls es das Widmungsexemplar für den Mainzer Erzbischof Liutbert war, oder sei es, daß man ihr bei ihrem Besuch in St. Gallen auch das Otfrid-Exemplar der dortigen Bibliothek zur Verfügung stellte[53], wobei es sich um das Widmungsexemplar (für Hartmuat und Werinbert) gehandelt haben müßte. Schließlich ist auch zu erwägen, ob wir es nicht mit dem Widmungsexemplar an Ludwig den Deutschen zu tun haben, das auch

---

[47] Annales Sangallenses maiores, edidit I. ab Arx, MGH. SS. I, S. 83; Die Werke Wipos. Herausgegeben von H. Bresslau, Anhang, S. 91.

[48] MGH. Libri confraternitatum Sancti Galli Augiensis Fabariensis. Edidit P. Piper, S. 10, (8,22), 11 (12,13), 35 (78,33), 43 (108,16), 46 (115,28), 50 (125,13; 125,41), 54 (142,14; 142,29; 144,28), 56 (150,35; 151,20), 60 (166,14), 62 (176,10), 63 (178,27), 70 (207,3), 83 (262,34), 95 (311,12), 96 (317,18), 97 (320,25), 105 (353,29), 110 (372,6).

[49] Rhythmi de Sancto Otmaro, edidit I. von Arx, MGH. SS. II, S. 58.

[50] Dazu: P. Piper, Otfrids Evangelienbuch, I, S. 46]; M. Manitius, Geschichte der lateinischen Literatur des Mittelalters, II, S. 696, 698; G. Scherrer, Verzeichniss der Handschriften der Stiftsbibliothek von St. Gallen, S. 9–11 (mit verschiedenen, nicht ohne weiteres nachprüfbaren Berichten zu einem ‚kaum mehr zu entwirrenden Sachverhalt‘); H. Brauer, ZDPh. 55 (1930) S. 266 f.

[51] M. Manitius, Geschichte der lateinischen Literatur des Mittelalters, II, S. 696; H. Brauer, ZDPh. 55 (1930) S. 266.

[52] P. Piper, Otfrids Evangelienbuch, I, S. 46].

[53] H. Brauer, ZDPh. 55 (1930) S. 266 f.

weiterhin in königlichem Besitz verblieben sein könnte, oder mit einem Aus-
leihexemplar aus Weißenburg selbst[54].

Schließlich ist auch noch damit zu rechnen, daß das Exemplar von der
Reichenau stammt. Im Reichenauer Verbrüderungsbuch[55] steht Gisela in
einem Eintrag von gleicher Hand unter ihrem Gemahl: *Cvonradvs rex.
Kisela regina*. Für die Seiten 153 bis 158, die nach Pergamentbeschaffenheit
und Linienschema zusammengehören, mithin auch für die Seite 156, ist ein
Grundstock der Beschriftung aus der ersten Hälfte des 11. Jahrhunderts festgestellt worden[56], was auch zeitlich gut paßt[57]. Aus der Tatsache, daß Konrad als König und nicht als *imperator* bezeichnet wird, was nach der Kaiser-
krönung a. 1027 der Fall gewesen wäre, und aus anderen Indizien läßt sich
schließen, daß das Königspaar das Inselkloster im Jahre 1025 besucht hat.
Bei dieser Gelegenheit ist der Eintrag erfolgt. Bei dieser Gelegenheit mag
die Königin die Otfridhandschrift entliehen haben, so wie sie zwei Jahre
später Werke Notkers in St. Gallen entlieh. Eine solche Erwägung ist ebenso
naheliegend wie die anderen Überlegungen auch.

Aber trotz allen Interessen der Kaiserin Gisela an volkssprachiger Literatur ist es bislang nur Vermutung, wenn auch ansprechende Vermutung, daß
sie in dem Kicila-Vers gemeint sei. Ein wichtiges Indiz ist aber das Epitheton
ornans *diu scona*, da sich der Ruhm der Schönheit gerade für die Kaiserin
belegen läßt. Sie wird in den Urkunden[58] *imperatrix augusta, iucundissima,
dilectissima, gloriosissima, precellentissima* oder ähnlich genannt. Hier war
vielleicht kein rechter Anlaß, ihre Schönheit hervorzuheben. Doch Wipo[59]
rühmt ihre *prudentia*, ihre sonstigen Tugenden, aber auch ihre ‚erlesene
Schönheit‘, indem er unter anderem schreibt: *IV. De dispositione curiali
et de regina ... Super hos omnes dilecta regis coniunx Gisela prudentia et
consilio viguit ... De Carolo Magno procedit Gisela prudens. Cum tantae
nobilitatis esset et formae decentissimae, minimae extollentiae fuit: in Dei
servitio timorata, in orationibus et elemosinis assidua et hoc, ut secretius
potuit, attendens illud euangelicum, ne iustitiam suam faceret coram homi-
nibus ...*

Die Kaiserin Gisela war also *formae decentissimae*, wie Wipo bezeugt, so
daß vermutet werden darf, daß sie es ist, die in dem Vers als *Kicila diu scona*

---

[54] Sieh weiter oben: I. Zur Heidelberger Otfridhandschrift. 5. Das Weißenburger Ausleihverzeichnis.

[55] MGH. Libri memoriales et necrologia. Nova series. I. Das Verbrüderungsbuch der
Abtei Reichenau. Herausgegeben von J. Autenrieth, D. Geuenich und K. Schmid, Faksimile
S. 156 (C 2/3).

[56] J. Autenrieth, Das Verbrüderungsbuch der Abtei Reichenau, S. XXI.

[57] Sieh, auch für das Folgende: H. Schwarzmaier, Zeitschrift für Württembergische Lan-
desgeschichte 22 (1963) S. 19–28, insbesondere S. 23f. — Zu sonstigen Vorkommen des
Namens *Gisela* und seiner Varianten: D. Geuenich, Das Verbrüderungsbuch der Abtei
Reichenau, S. 89.

[58] Zum Beispiel: MGH. Die Urkunden der deutschen Könige und Kaiser. IV. Die Urkunden Konrads II. Herausgegeben von H. Bresslau, passim.

[59] Die Werke Wipos. Herausgegeben von H. Bresslau, S. 24f.; sieh auch: S. 80f. (Tetra-
logus).

erscheint. Hat diese Vermutung auch ihre Berechtigung, so läßt sie sich doch nicht zur absoluten Gewißheit erheben, da möglicherweise auch eine andere Gisela ‚die schöne' genannt wurde und in dem Vers gemeint war. Vieles spricht aber für die Kaiserin Gisela[60].

7. Die Reichenauer Griffeleinritzungen

Die eintragende Hand kennen wir bislang jedoch nicht. Indessen bietet sich ein Vergleich mit den Nameneintragungen mit Griffel und Tinte auf der Reichenauer Altarplatte an[61]. Die ältesten Griffeleinritzungen gehören in die Mitte des 11. Jahrhunderts, was für die Datierung des in das Pergament ebenso eingeritzten Kicila-Verses einen gewissen Spielraum läßt, wenn auch nicht beliebige Zeit vor das Jahr 1050. Die Kaiserin Gisela starb a. 1043, so daß der Eintrag durchaus in Erinnerung an sie bei diesem Anlaß, einige Zeit danach oder auch schon früher erfolgt sein könnte.

[60] Über sie, die die historische Forschung immer wieder angezogen hat, sieh beispielsweise: E. Brandenburg, Probleme um die Kaiserin Gisela; H. Jakobs, Der Adel in der Klosterreform von St. Blasien, S. 188–191 (und öfter); E. Hlawitschka, Die Anfänge des Hauses Habsburg-Lothringen, S. 46, Faltblatt nach S. 138 (und öfter); E. Hlawitschka, HJB. 97/98 (1978) S. 439–445 (mit reichen Literaturangaben); A. Wolf, DA. 36 (1980) S. 40 (und öfter); H. C. Faußner, DA. 37 (1981) S. 79–84.

[61] Brieflicher Hinweis von H. Jakobs und Vergleichsmaterial von Dr. Renate Neumüllers-Klauser, aufgrund der Vermittlung von H. Jakobs. Sieh auch: Zur beschrifteten Altarplatte aus St. Peter und Paul, Reichenau-Niederzell, Freiburger Diözesan-Archiv 98 (1978) S. 555–565 (Aus technischen Gründen nicht im Verzeichnis der Literatur, weiter oben. Beiträge von: Wolfgang Erdmann, Karl Schmid, Johanne Autenrieth, Dieter Geuenich, Heinz Roosen-Runge).

III. Zum Georgslied

1. Die Eintragung

Der Codex Pal. lat. 52 trägt auf fol. 200v, 201r und 201v das althochdeutsche Georgslied[1].

Die Eintragung des Georgsliedes könnte ‚sogar in die erste Hälfte des XI. Jahrhunderts gehören‘[2]. Das bedeutet, daß es sich, nach dem Sprachstand zu urteilen, um die Niederschrift eines weit älteren (und nicht etwa eines zeitgenössischen) Liedes handelt.

Auf fol. 201v bricht der Text am Beginn einer neuen Zeile mit *ihn* ab. Es folgt ein kaum noch lesbares *nequeo* und in ziemlich weitem Abstand davon in der rechten Mitte der Seite etwas unterhalb des sonstigen Textes *Vuisolf*. Die beiden Eintragungen stehen zu weit auseinander, als daß sie zusammengehörig sein könnten. Sie haben verschiedenen Duktus, der auch jeweils von dem Duktus des Georgsliedes verschieden ist. ‚Der Name steht viel zu weit vom Schlusse des Textes entfernt, als daß der Schreiber sich so bezeichnen würde‘[3]. Die Vorstellung, daß hier das verzweifelte Bekenntnis eines zur Weiterarbeit unfähigen Schreibers (*nequeo Vuisolf*) vorläge[4], ist

---

[1] K. Bartsch, Die altdeutschen Handschriften der Universitäts-Bibliothek in Heidelberg, Nr. 1, S. 3f.; Faksimile bei: M. Enneccerus, Die ältesten deutschen Sprach-Denkmäler. In Lichtdrucken herausgegeben, Tafel 37 (fol. 200b); H. Fischer, Schrifttafeln zum althochdeutschen Lesebuch, Tafel 19 (fol. 200b), S. 22* (Erläuterungen); F. Maurer, Die religiösen Dichtungen des 11. und 12. Jahrhunderts, I, Abbildung 5 (fol. 200b), nach S. 16. — Die Universitätsbibliothek Heidelberg stellte einen Mikrofilm und Hochglanzphotographien zur Verfügung und gestattete wiederholt Einsichtnahme des Originals. — Photographien aller drei Seiten jetzt bei: W. Haubrichs, Georgslied und Georgslegende im frühen Mittelalter, S. 526–528, Abbildung 1–3.

[2] B. Bischoff, FMSt. 5 (1971) S. 104, Anmerkung 12; so ähnlich schon: Zarncke, Berichte über die Verhandlungen der Königlich Sächsischen Gesellschaft der Wissenschaften zu Leipzig. Philologisch-Historische Classe 26, 1874, S. 19f.: ‚... an die Grenzscheide des 10. u. 11. Jh.‘; E. v. Steinmeyer, Die kleineren althochdeutschen Sprachdenkmäler, S. 98: ‚Um das Jahr 1000 ...‘; H. Brauer, ZDPh. 55 (1930) S. 265: ‚... nach der Schrift zu urteilen eher nach als vor diesem Datum‘ (unter Verweis auf: A. Merton, Die Buchmalerei in St. Gallen, Tafel LXXXIII, Cod. 338, Mitte s. XI).

[3] B. Bischoff, FMSt. 5 (1971) S. 104, Anmerkung 11; danach: H. de Boor, Die deutsche Literatur von Karl dem Großen bis zum Beginn der höfischen Dichtung, S. 83; W. Haubrichs, Georgslied und Georgslegende im frühen Mittelalter, S. 62f.

[4] Zum Beispiel: K. Bartsch, Die altdeutschen Handschriften der Universitäts-Bibliothek in Heidelberg, S. 4; E. v. Steinmeyer, Die kleineren althochdeutschen Sprachdenkmäler, S. 97, 98f.; G. Ehrismann, Geschichte der deutschen Literatur bis zum Ausgang des Mittel-

mithin aufzugeben. Es handelt sich um Schreibereinträge nach Art der auf fol. 202r anzutreffenden, die weiter oben[5] schon erwähnt worden sind.

Im übrigen ist nicht einmal sicher, daß in *Vuisolf* überhaupt ein Name vorliegt, wie man ohne Zögern allenthalben gemeint hat. Für einen zweigliedrigen germanischen Personennamen ist die W-*w*-Bindung der beiden Glieder (**wis-wulf*) ungewöhnlich und im ganzen selten anzutreffen[6]. Immerhin wird aus einer westfränkischen Quelle zum Jahre 782 ein *Wisulf* und aus dem Verbrüderungsbuch von St. Peter in Salzburg ein *Wisolf*[7] genannt. Den Angaben kann hier nicht im einzelnen nachgegangen werden. Aber auch die Reichenau kennt W-*w*-Bindungen, wenn auch in anderen Namen, zum Beispiel: *uuisalah* (**wis-walh*) und *uuizzolf* (**wit-wulf*)[8]. So sind wir auch hier, wie für die mittelalterliche Geschichte des Codex Pal. lat. 52 insgesamt, auf die Reichenau und ihren Umkreis verwiesen. Das wird noch deutlicher bei dem Blick auf St. Gallen, wo Notker die Götter *Consus* und *Nocturnus* als *willolf* und *nahtolf* bezeichnet und den Reichen als *rîhholf*[9]. Hier liegen keine Kompositionen mit einem Zweitglied -*olf* mehr vor. Hier ist das Zweitglied zum Suffix geworden und dient der Derivation von Appellativen (oder appellativischen Beinamen[10]), deren lexikalische Bedeutung im wesentlichen mit der Basis übereinstimmt: *rîhholf* ,der Reiche'. *Vuisolf* könnte mithin mit Länge gelesen werden und zu ahd. *wîs* ,weise, klug, wissend, kundig'[11] gehören[12] (,der Weise'). Der Eintrag hält als Federprobe also womöglich ein solches Appellativ fest, das aber ohnehin mit dem Georgslied nichts zu tun hat.

Die Seiten 200v (unten rechts) und (vor allem) 201r und 201v sind durch die Anwendung von Reagenzien schwer in Mitleidenschaft gezogen und teilweise kaum noch lesbar[13]. Dem unmittelbaren Verständnis abträglich

---

alters, I, S. 221, 224; Althochdeutsche Literatur. Herausgegeben und übertragen von H. J. Gernentz, S. 341; J. S. Groseclose-B. O. Murdoch, Die althochdeutschen poetischen Denkmäler, S. 86 f.; zur Qualität des letztgenannten Bändchens insgesamt: R. Schützeichel, BNF. NF. 13 (1978) S. 70 f. — Zur ,Schreiberpersönlichkeit' Wisolf sieh auch: F. Tschirch, PBB. 73 (1951) S. 420 f.

[5] I. Zur Heidelberger Otfridhandschrift. 7. Federproben.

[6] E. Schröder, Deutsche Namenkunde, S. 17–21 (nicht näher geprüfte Angaben); G. Schramm, Namenschatz und Dichtersprache, S. 19 f.

[7] E. Förstemann, Altdeutsches Namenbuch, I, Sp. 1624.

[8] Das Verbrüderungsbuch der Abtei Reichenau. Herausgegeben von J. Autenrieth, D. Geuenich und K. Schmid, 37 B 4, D 1.

[9] R. Schützeichel, Althochdeutsches Wörterbuch, S. 236, 134, 152.

[10] Zahlreiche Beispiele mit diesem und anderen sekundär entstandenen Formationsmorphemen bei: D. Geuenich, Die Personennamen der Klostergemeinschaft von Fulda im früheren Mittelalter, S. 35–40.

[11] R. Schützeichel, Althochdeutsches Wörterbuch, S. 238.

[12] Anders: E. Förstemann, Altdeutsches Namenbuch, I, Sp. 1624.

[13] K. Bartsch, Die altdeutschen Handschriften der Universitäts-Bibliothek in Heidelberg, S. 4. — Sieh jetzt auch: W. Haubrichs, Georgslied und Georgslegende im frühen Mittelalter, S. 63 f. (mit einer Vermutung über den Verursacher der Beschädigungen durch Reagenzien).

ist aber vor allem die eigenartige Orthographie, die so in der althochdeutschen Schriftlichkeit keine Parallele hat[14]. Die verschiedenen Lesarten
der verschiedenen Herausgeber[15] sind hier nicht zu diskutieren. Doch muß
zunächst der Text gebracht werden, der auf eigener mehrfacher Lesung der
Handschrift in Heidelberg und anhand von Hochglanzphotographien beruht,
die mir die Universitätsbibliothek Heidelberg zur Verfügung gestellt hat.
Aufgrund des handschriftlichen Textes wird äußerst behutsam ein Text des
Georgsliedes hergestellt, der nur ganz offensichtliche Schreibversehen be-
richtigt, Zusammenschreibungen entweder beseitigt oder vornimmt, die
Interpunktion der handschriftlichen Überlieferung unberücksichtigt läßt,
eine Interpunktion nach syntaktischen Gesichtspunkten (entsprechend mo-
dernem Usus) durchführt, das Gedicht in (vierhebigen) Kurzzeilen dar-
bietet. Auf Abweichungen von der Handschrift wird in Fußnoten jeweils
hingewiesen, so daß sich ein besonderer Apparat erübrigt, damit auch das
Verzeichnis aller früheren abweichenden Lesarten und Meinungen. Grundlage ist allein der handschriftliche Text, so wie er sich heute bei der angegebenen Sachlage entziffern läßt[16].

2. Der Text

Neben dem Text der linken Kolumne steht rechts eine Übersetzung, der
die betreffenden Bedeutungsangaben in einem Wörterbuch[17] entsprechen.
In den Fußnoten zum Text werden gelegentlich ‚Lesehilfen‘ (in runden
Klammern) gegeben, so etwa bei einigen Buchstabenumstellungen und bei
auslautend fehlenden Buchstaben.

---

[14] Eine übersichtliche Beschreibung, wenn auch nicht in allen Einzelheiten richtig, bei:
G. Ehrismann, Geschichte der deutschen Literatur bis zum Ausgang des Mittelalters, I,
S. 221–223.
[15] Relativ sorgfältige und genaue Wiedergabe des handschriftlichen Textes bei: E. v.
Steinmeyer, Die kleineren althochdeutschen Sprachdenkmäler, S. 94–97. — Sieh jetzt auch:
W. Haubrichs, Georgslied und Georgslegende im frühen Mittelalter, S. 66–71 (Text mit den
Lesarten älterer Ausgaben), S. 110f. (sogenannter korrigierter Text), S. 371–373 (Rekon-
struktionsversuch); W. Haubrichs, Die Kultur der Abtei Prüm zur Karolingerzeit, S. 131–
133 (rekonstruierter Text).
[16] Bei der Überprüfung unterstützte mich meine Mitarbeiterin, Frau Dr. Irmgard Frank.
— Zur Kritik einer etwa anzusetzenden sogenannten ‚binnengereimten Langzeile‘ sieh:
W. Schröder, Festschrift Josef Quint, S. 194–202; R. Schützeichel, Textgebundenheit, S.
102f., Anmerkung 1 (mit weiterer Literatur).
[17] R. Schützeichel, Althochdeutsches Wörterbuch, 1. A. 1969, 3. A. 1981.

I.   1 Georio[18] fuor ze malo
        mit mikilemo[19] ehrigo[20]
        fone[21] dero mahrko[22].
        Mit[23] mikilemo[24] fholko
      5 fuor er ze demo rinhe,
        ze heuihemo dinge.
        Daz[25] thin[26] uuas marista,
        kote[27] liebosta[28].
        Ferliezc[29] er uuereltrhike[30],
     10 keuuan er ihmilrihke[31].
        Daz[32] keteta selbo,
        der mare crabo georio.

II.   Dho[33] sbuonen[34] inen alla[35]
          kuningha so maneha[36].
     15 Uuolton[37] si inen ehrkeren.
          Ne[38] uuolta ern es ohren[39].
          Ehrte[40] uuas daz[41] georigen muot[42].
          Ne[43] ohrt[44] er in es, sheg ih guot,
          nub er al kefrumeti,
     20 des er ce kote digeti.
          Daz[45] keteta[46] selbo,
          sancte[47] go[rio][48].

III.   Do[49] teilton inen sare
          ze demo karekare.
     25 Dhar[50] met[51] imo do fuorren
          ehngila de skonen.

---

[18] Georio] georio.
[19] mikilemo] k unvollständige Schreibung für hk. Sieh weiter unten: III. 4.
[20] ehrigo] (= herigo).
[21] fone] darüber fó.
[22] mahrko] h aus k korrigiert.
[23] Mit] mit.
[24] mikilemo] wie Anmerkung 19.
[25] Daz] daz; danach Abstand größer als sonst.
[26] thin] n Schreibung für ng. Sieh weiter unten: III. 5.
[27] kote] gkoto.
[28] liebosta] über e Rasur von s; s über o.
[29] Ferliezc] ferliezc.
[30] uuereltrhike] k unvollständige Schreibung für hk (sieh: Anmerkung 19) oder Umstellung des h (sieh: ihmilrihke 10).
[31] ihmilrihke] h über i (= himilrihke).
[32] Daz] daz.
[33] Dho] dho.
[34] sbuonen] u über bo zwischen den beiden Buchstaben.
[35] alla] allo.
[36] maneha] o über ha zwischen den beiden Buchstaben.

I.   1 Georg zog zur Gerichtsversammlung
          mit mächtigem Heer
          aus der Grenzmark.
          Mit großer Schar
        5 zog er zu der Versammlung,
          zu bedeutendem Gericht.
          Das Gericht war sehr denkwürdig,
          Gott sehr wohlgefällig.
          Er verließ das irdische Reich,
       10 er gewann das Himmelreich.
          Das tat eben dieser,
          der berühmte Graf Georg.

II.   Da suchten ihn zu verführen alle
          so zahlreichen Könige.
       15 Sie wollten ihn zur Umkehr bringen.
          Er wollte ihnen darin nicht zuhören.
          Fest war Georgs Sinn.
          Er hörte ihnen darin nicht zu, in der Tat,
          sondern er vollbrachte alles,
       20 um was er zu Gott gefleht hatte.
          Das tat eben dieser,
          der heilige Georg.

III.   Da verurteilten sie ihn sogleich
          zu Kerker.
       25 Dorthin begaben sich mit ihm dann
          die herrlichen Engel.

---

[37] *Uulton]* uuolton.
[38] *Ne]* ne.
[39] *ohren]* e als Verbesserung über o (=horen)
[40] *Ehrte]* ehrte (= herte).
[41] *daz]* a über z.
[42] *muot]* munt.
[43] *Ne]* ne.
[44] *ohrt]* (= hort).
[45] *Daz]* daz.
[46] *keteta]* das zweite e aus o korrigiert.
[47] *sancte]* scē.
[48] *go[rio]]* gorio mit hochgestelltem io las noch: E. Steinmeyer, Die kleineren althochdeutschen Sprachdenkmäler, S. 94. — Eine Zusammenstellung der älteren (oft falschen) Lesungen zum Georgslied jetzt bei: W. Haubrichs, Georgslied und Georgslegende im frühen Mittelalter, S. 67–71 (mit den Lesungen von W. Haubrichs, zu denen im einzelnen hier keine Stellung genommen werden kann).
[49] *Do]* do.
[50] *Dhar]* dhar; h über a.
[51] *met]* t über e.

Dhar[52] f[and er][53] ceuuei[54] uuib[55].
Keneri[56] er daz ire lib[57].
Dho[58] uuorht[59] er so [skono][60]
30 [da]z imbizs[61] in frono.
Daz[62] ceiken[63] uuorta[64] dh[are][65]
[geor]io[66] ce uuare[67].

IV.   Georio[68] do digita.
Inan[69] druhtin[70] al geuuereta,
35 des gorio zimo digita.
Den[71] tumben dhet[72] er sprekenten[73],
den[74] tohuben ohrenten[75].
Den[76] pilnten[77] det er sehenten,
den halcen gahnenten.
40 Ehin[78] suhl stuonet ehr[79] magihc[80] ihar.
Uhus[81] psanr[82] dher lohb[83] shar.
Daz[84] zehiken[85] uuorheta dhare
gorio ze uuare.

V.   Beghont[86] ez dher rike man[87]
45 file ahrte[88] zurenen.
Tacianus[89] uuuoto
zuhrent es[90] uunterdhrato.

---

[52] *Dhar*] *dhar*.
[53] *f[and er]*] Oberlänge eines mutmaßlichen *d* ist erkennbar. Zur Konjektur: E. Steinmeyer, Die kleineren althochdeutschen Sprachdenkmäler, S. 94.
[54] *ceuuei*] *ce* stark verblaßt.
[55] *uuib*] *ib* stark verblaßt.
[56] *Keneri*] *keneri* (= *kenerit*). Sieh weiter unten: III. 5.
[57] *lib*] *litb*.
[58] *Dho*] *dho*.
[59] *uuorht*] *uuorhe*; *h* über *e*.
[60] *[skono]*] Zur Konjektur: E. Steinmeyer, Die kleineren althochdeutschen Sprachdenkmäler, S. 94.
[61] *[da]z imbizs*] geschwärzte Stelle, kaum noch lesbar. E. Steinmeyer, Die kleineren althochdeutschen Sprachdenkmäler, S. 94, konnte wohl noch *::z imbizs* lesen, ebenso K. Helm; sieh: W. Braune – K. Helm – E. A. Ebbinghaus, Althochdeutsches Lesebuch, S. 133; man vergleiche: S. 177; R. Schützeichel, Althochdeutsches Wörterbuch, S. 90.
[62] *Daz*] *daz*.
[63] *ceiken*] *k* unvollständige Schreibung für *hk*. Sieh weiter unten: III. 4.
[64] *uuorta*] (= *uuorhta*).
[65] *dh[are]*] früher wohl so lesbar; sieh: E. Steinmeyer, Die kleineren althochdeutschen Sprachdenkmäler, S. 95.
[66] *[geor]io*] Schlußbuchstaben kaum noch erkennbar; zu früher noch lesbarem *georio*: E. Steinmeyer, Die kleineren althochdeutschen Sprachdenkmäler, S. 95.
[67] *ce uuare*] geschwärzte Stelle, kaum noch lesbar.
[68] *Georio*] *georio*.
[69] *Inan*] *inan*; zweites *n* über *a*.

Dort fand er zwei Frauen.
Er rettete ihr Leben.
Da schuf er so wunderbar
30 eine Speise auf herrliche Weise.
Das Wunder vollbrachte dort
Georg fürwahr.

IV.   Georg flehte da.
Ihm gewährte der Herr alles,
35 was Georg von ihm wünschte.
Den Stummen machte er sprechend,
den Tauben hörend.
Den Blinden machte er sehend,
den Lahmen gehend.
40 Eine Säule stand vorher viele Jahre.
Heraus kam dort plötzlich Laub.
Das Wunder vollbrachte dort
Georg fürwahr.

V.   Darüber begann der mächtige Mann
45 sich sehr zu empören.
Tacianus, der Wüterich,
empörte sich überaus darüber.

---

[70] *druhtin*] *DRuhtin.*
[71] *Den*] *den.*
[72] *dhet*] *t über e.*
[73] *sprekenten*] wie Anmerkung 63.
[74] *den*] *n* undeutlich.
[75] *ohrenten*] (= *horenten*).
[76] *Den*] *den.*
[77] *pilnten*] Buchstabenumstellung (= plinten). Sieh weiter unten: III. 5.
[78] *Ehin*] *ehin.*
[79] *ehr*] *r* undeutlich.
[80] *magihc*] Anfangsbuchstaben kaum noch lesbar; fast glaubt man, ein *f* oder *s* zu erkennen; Schlußbuchstaben deutlich: *ihe*, mit Korrektur *c* über *e.*
[81] *Uhus*] *uhus;* zweites *u* undeutlich.
[82] *psanr*] Buchstabenumstellung (= *spran*); *n* Schreibung für *ng.* Sieh weiter unten: III. 5.
[83] *lohb*] *h* über *o.*
[84] *Daz*] *daz.*
[85] *zehiken*] *k* unvollständige Schreibung für *hk* oder Umstellung des *h.* Sieh oben: Anmerkung 30.
[86] *Beghont*] *beghont; e* aus *o* korrigiert.
[87] *man*] *a* kaum lesbar.
[88] *ahrte*] (= *harte*).
[89] *Tacianus*] *tacianus.*
[90] *zuhrent es*] *zuhrentzes.*

Ehr[91] quaht, gorio[92] uuari
ehin koukelari[93].
50 Ihez[94] ehr goriien fhaen,
ihez[95] en huuszieen,
ihez[96] en shlahen ahrto[97]
mit[98] uunteruuassho shuereto.
Dhaz[99] uueiz ihk, dhaz ist aleuuar,
55 uhffherstuont sihk goriio dhar.
Uuola[100] prediio[101] her dhar.
Dhie[102] ehidenen[103] man
keshante gorio dhrate[104] frham.

VI.   Beghont[105] ez der rhike[106] man
60 filo ahrto[107] zurnen[108].
Do[109] ihez[110] er goriion binten,
ahn en rad uuinten.
Ce[111] uuare shagehn ihk[112] es ihuu,
shie praken[113] inen en ceniu[114].
65 Daz[115] uueiz[116] ihk, daz ist aleuuar,
uhffherstuont sihk gorio dar,
uhffherstuont sihk gorio dar.
Uuola[117] [prediio her][118] dar.
Dhie[119] ehidenen[120] man
70 keshante gorio[121] file frham[122].

VII.   Do[123] ihez[124] er gorion[125] fhaen,
ihez[126] en harto[127] fillen.

---

[91] *Ehr] ehr.*
[92] *gorio] danach Rasur.*
[93] *koukelari] ckoukelari.*
[94] *Ihez] ihez (= hiez).*
[95] *ihez] (= hiez).*
[96] *ihez] (= hiez).*
[97] *ahrto] (= harto).*
[98] *mit] über der Zeile nachgetragen.*
[99] *Dhaz] dhaz.*
[100] *Uuola] uuola.*
[101] *prediio] (= prediiot). Sieh weiter unten: III. 5.*
[102] *Dhie] dhie.*
[103] *ehidenen] ehniden = (heidenen).*
[104] *dhrate] dharte mit Korrektur ra über a.*
[105] *Beghont] beghont.*
[106] *rhike] k unvollständige Schreibung für hk oder Umstellung des h. Sieh oben: Anmerkung 30.*
[107] *ahrto] (= harto).*
[108] *zurnen] zunrnen.*
[109] *Do] do.*
[110] *ihez] (= hiez).*

Er sagte, Georg wäre
ein Zauberer.
50 Er befahl, Georg gefangenzunehmen,
befahl, ihn zu strecken,
befahl, ihn unerbittlich zu töten
mit einem äußerst scharfen Schwert.
Das weiß ich, das ist ganz sicher,
55 Georg erstand da auf.
Vortrefflich predigte er da.
Die Heiden
machte Georg völlig zuschanden.

VI. Darüber begann der mächtige Mann
60 sich sehr zu empören.
Da befahl er, Georg zu fessseln,
auf ein Rad zu flechten.
In Wahrheit berichte ich euch davon,
sie teilten ihn in zehn Stücke.
65 Das weiß ich, das ist ganz sicher,
Georg erstand da auf.
Georg erstand da auf.
Vortrefflich predigte er da.
Die Heiden
70 machte Georg völlig zuschanden.

VII. Da befahl er, Georg gefangenzunehmen,
befahl, ihn heftig zu geißeln.

[111] *Ce] ce.*
[112] *ihk] ihkz.*
[113] *praken] k* unvollständige Schreibung für *hk.* Sieh weiter unten: III. 4.
[114] *ceniu] cenuui.*
[115] *Daz] daz.*
[116] *uueiz] i* über der Zeile zwischen *e* und *z* nachgetragen; bislang offensichtlich nicht erkannt; man vergleiche: E. Steinmeyer, Die kleineren althochdeutschen Sprachdenkmäler, S. 96; W. Haubrichs, Georgslied und Georgslegende im frühen Mittelalter, S. 68f.
[117] *Uuola] uuola.*
[118] *[prediio her]]* keine Lücke in der Niederschrift; offensichtliche Auslassung; Ergänzung gemäß: Zeile 56.
[119] *Dhie] dhie.*
[120] *ehidenen]* sieh: Zeile 57 und Anmerkung 103.
[121] *gorio] GoRio.*
[122] *frham] a* über der Zeile zwischen *h* und *m* nachgetragen.
[123] *Do] do.*
[124] *ihez] (= hiez).*
[125] *gorion] GoRion; n* hochgestellt.
[126] *ihez] (= hiez); i* kaum noch erkennbar; sieh aber: E. Steinmeyer, Die kleineren althochdeutschen Sprachdenkmäler, S. 96.
[127] *harto] o* stark verblaßt.

Man [128] geihez [129] en muillen,
ze puluer al [130] uerpernnen.
75 Man [131] uuarf hen [132] in den purnnen.
Er [133] uuas saligk [134] ersun [135].
Poloton [136] si derubere
steine mihkil megine [137].
Begonton [138] si nen umbekan,
80 iehzen [139] gorien [140] uhffherstan.
Mihkil [141] teta [142] [georio dar] [143],
so her io tuoht uuar.
Daz [144] uuez ihk, daz uuez ih[k, daz ist a]leuuar [145],
uhffherstuont sihk gorio [146] dar.
85 Uuo[la] [147] pr[ediio her dhar] [148].
Dhie [149] ehidenen [150] man
kesahnte [151] gorio [152] file farm [153].
[Uhffherstuont] [154] sihk gorio [155] dar.
Uuhs [156] psanr [157] der [158] uuaehe sha[r] [159].

VIII.   90 [Gorio einen to]ten [160] man
uhf ihez [161] erstanten.
Er [162] hiezc en dare cimo khaen,
hiez en shar sprecken [163].
Do segita [164] [her:] ‚Jobel [165] ihz [166]
95 ih bet [n]amo[n] [167]. Geloubet ehz'.

[128] Man] man.
[129] geihez] (= gehiez); das erste e aus o korrigiert.
[130] al] a nur noch teilweise erkennbar.
[131] Man] man.
[132] hen] han.
[133] Er] er.
[134] saligk] k über g.
[135] ersun] er sun; R. Schützeichel, Althochdeutsches Wörterbuch, S. 81: herasun.
[136] Poloton] poloton.
[137] megine] meGine (= menige).
[138] Begonton] beGonton.
[139] iehzen] (= hiezen).
[140] gorien] GoRien.
[141] Mihkil] mihkil.
[142] teta] tấta; sehr stark verblaßt; übergeschriebenes e relativ gut erkennbar.
[143] [georio dar]] Pergament zerstört; zur Konjektur: E. Steinmeyer, Die kleineren althochdeutschen Sprachdenkmäler, S. 96.
[144] Daz] daz.
[145] ih[k, daz ist a]leuuar] Pergament zerstört; Buchstaben vor dem Loch kaum noch lesbar; Konjektur gemäß: Zeile 54, 65.
[146] gorio] GoRio.
[147] Uuo[la]] uuo kaum noch lesbar über pr des folgenden Wortes.
[148] pr[ediio her dhar]] Pergament zerstört; Konjektur gemäß: Zeile 56; man vergleiche Zeile 68.
[149] Dhie] dhie.

Man befahl, ihn zu zermalmen,
zu Staub gänzlich zu verbrennen.
75 Man warf ihn in den Brunnen.
Er blieb hier unversehrt.
Sie wälzten darüber
eine große Menge Steine.
Sie begannen, um ihn herumzugehen,
80 sie befahlen Georg aufzuerstehen.
Großes tat Georg da,
so wie er es fürwahr immer tut.
Das weiß ich, das weiß ich, das ist ganz sicher,
Georg erstand da auf.
85 Vortrefflich predigte er da.
Die Heiden
machte Georg völlig zuschanden.
Georg erstand da auf.
Heraus kam der Außerordentliche sogleich.

VIII.   90 Georg ließ einen toten Mann
auferstehen.
Er ließ ihn daraufhin zu sich kommen,
ließ ihn sogleich sprechen.
Da sagte er: ‚Jobel hieß
95 ich mit Namen. Glaubt es'.

---

¹⁵⁰ *ehidenen*] (= *heidenen*).
¹⁵¹ *kesahnte*] [= *keshante*]; man vergleiche: Zeile 58, 70; zur Buchstabenumstellung sieh
weiter unten: III. 5.
¹⁵² *gorio*] GoRio.
¹⁵³ *farm*] (= *fram*); man vergleiche: Zeile 58, 70; zur Buchstabenumstellung sieh weiter
unten: III. 5.
¹⁵⁴ [*Uhfferstuont*]] Pergament zerstört; Konjektur gemäß: Zeile 55, 66, 67, 84.
¹⁵⁵ *gorio*] Gorio.
¹⁵⁶ *Uuhs*] uuhs.
¹⁵⁷ *psanr*] wie Anmerkung 82.
¹⁵⁸ *der*] kaum noch erkennbar.
¹⁵⁹ *sha[r]*] *sha* schwer erkennbar; danach Pergament zerstört.
¹⁶⁰ [*Gorio einen to*]*ten*] Pergament zerstört; Konjektur nach: E. Steinmeyer, Die kleineren althochdeutschen Sprachdenkmäler, S. 96.
¹⁶¹ *ihez*] (= *hiez*).
¹⁶² *Er*] er.
¹⁶³ *sprecken*] *ck* am ehesten Verschreibung für *hk*; sieh weiter unten: III. 4.
¹⁶⁴ *segita*] seGita.
¹⁶⁵ [*her:*] ‚*Jobel*] zunächst eine Lücke für zwei bis vier Buchstaben; danach undeutliches
k oder ein anderer Buchstabe; danach *obe* stark verblaßt; danach stark verblaßtes *t*. Sieh
auch: Anmerkung 167.
¹⁶⁶ *ihz*] (= *hiz, hiez*).
¹⁶⁷ *bet* [n]*amo*[n]] *betamo*; stark verblaßt. Emendation der Zeilen 94 und 95 bei Wah-
rung möglichst großer Textnähe in Anlehnung an: H. de Boor, Festschrift Josef Quint,
S. 69-71.

Quuat[168], si[169] uua[ren][170] ferlorena[171],
demo[172] tiufele[173] al[174] petrogena[175].
Daz[176] c[unt][177] uns[178] selbo
sancte[179] gorio.

IX. 100 Do[180] g[ien][181] er ze[182] dere kamero[183]
ze dero chuninginno.
Pegon[184] her[185] shie lehren.
Begonta[186] shi mes ohren[187].
Elossandria[188],
105 si uuas do[ge]lika[189].
Shi[190] ihlta sar uuole tun[191],
den ihro shanc spent[on].
Si spentota iro triso dar.
Daz[192] ihlft[193] sa manec iahr.
110 Fon[194] euuon uncen euuon,
sho [ist] se[195] en gnadhon.
Daz[196] erdigita selbo
ehro[197] sancte[198] gorio[199].

X. Gorio[200] uhob[201] dhia ahnt[202] uhf:
115 Erbibinota abollin[203].
Gebot[204] er uhper den ehlleunht[205]:
Do[206] fuer er sar en abcurnt[207].

---

[168] *Quuat*] *quuat;* stark verblaßt.
[169] *si*] *so.*
[170] *uua[ren]*] *uua* kaum noch lesbar.
[171] *ferlorena*] *ferloreno;* stark verblaßt.
[172] *demo*] *o* kaum noch erkennbar.
[173] *tiufele*] kaum noch erkennbar
[174] *al*] kaum noch erkennbar.
[175] *petrogena*] *petroGena;* kaum noch lesbar.
[176] *Daz*] *daz.*
[177] *c[unt]*] nur *c* deutlich.
[178] *uns*] kaum noch lesbar.
[179] *sancte*] *scē.*
[180] *Do*] *do.*
[181] *g[ien]*] *G;* schwach erkennbar; danach unleserliche Buchstabenreste; zur Konjektur sieh: Zeile 7 [*thin*] und Anmerkung 26.
[182] *er ze*] kaum noch lesbar.
[183] *kamero*] Anfangsbuchstaben stark verblaßt.
[184] *Pegon*] *peGon;* stark verblaßt.
[185] *her*] *h* vor *e* über der Zeile nachgetragen; *er* stark verblaßt.
[186] *Begonta*] *beGonta;* stark verblaßt.
[187] *ohren*] (= *horen*).
[188] *Elossandria*] *elossandria.*
[189] *do[ge]lika*] *do* kaum noch erkennbar; *a* stark verblaßt; *k* unvollständige Schreibung für *hk;* sieh weiter unten: III. 4.

Er sagte, sie wären Verlorene,
vom Teufel gänzlich Betrogene.
Das zeigte uns eben dieser
heilige Georg.

IX. 100 Da ging er in das Gemach
zu der Königin.
Er begann, sie zu unterweisen.
Sie begann, ihn darin anzuhören.
Elossandria,
105 sie war tugendhaft.
Sie war sogleich bestrebt, Gutes zu tun,
ihren Schatz zu verteilen.
Sie gab ihren Schatz dahin.
Das hilft so viele Jahre.
110 In alle Ewigkeit,
so ist sie in Gnaden.
Das erreichte durch Bitten eben dieser,
der heilige Herr Georg.

X. Georg hob die Hand empor:
115 Es erbebte Abollin.
Er gebot über den Höllenhund:
Da fuhr er sogleich in den Abgrund.

---

[190] *Shi*] *shi*; stark verblaßt.
[191] *ihlta sar uuoletun*] Buchstaben ungleichmäßig stark verblaßt.
[192] *Daz*] *daz*.
[193] *ihlft*] (= *hilft*).
[194] *Fon*] *fō*. Nasalstrich verblaßt.
[195] *sho [ist] se*] *shose*. Konjektur nach: R. Kögel (W. Braune – K. Helm – E. A. Ebbinghaus, Althochdeutsches Lesebuch, S. 135, Zeile 56).
[196] *Daz*] *daz*.
[197] *ehro*] (= *hero*).
[198] *sancte*] *Sce*. Kein Nasalstrich erkennbar.
[199] *gorio*] *Gorio*.
[200] *Gorio*] *GoRio*.
[201] *uhob*] (= *huob*).
[202] *ahnt*] (= *hant*).
[203] *abollin*] *n* stark verblaßt.
[204] *Gebot*] *b* aus *p* korrigiert.
[205] *ehlleunht*] (= *hellehunt*); Lesung eindeutig, entgegen: E. Steinmeyer, Die kleineren althochdeutschen Sprachdenkmäler, S. 97; W. Braune – K. Helm – E. A. Ebbinghaus, Althochdeutsches Lesebuch, S. 135; R. Schützeichel, Althochdeutsches Wörterbuch, S. 81 (was also korrigiert werden muß).
[206] *Do*] *do*.
[207] *abcurnt*] *t* verblaßt. — In der nächsten Zeile stehendes *ihn* bei der Textherstellung nicht berücksichtigt.

3. Zum Inhalt

Der Aufbau des Georgsliedes ist klar und inzwischen unumstritten. Nennenswerte Probleme des Textverständnisses gibt es nicht mehr. Schon die Handbücher geben seit langem das im ganzen zutreffende Bild [208]. Die überlieferten zehn Strophen [209] lassen sich etwa in vier Abschnitte gruppieren:

I. Die beiden Eingangsstrophen beginnen unvermittelt mit der Ladung vor das große Gericht und heben die Tugend des Heiligen, seine Standhaftigkeit hervor.

II. Die beiden folgenden Strophen berichten die Verurteilung zum Kerker, die Heilung kranker Frauen durch den Heiligen, die Heilung Blinder, Lahmer, Stummer und Tauber, das Wunder mit der Säule, aus der der Heilige Laub hervorsprießen ließ.

III. Die fünfte bis siebte Strophe enthalten die dreimalige, in Grausamkeit und Gründlichkeit gesteigerte Hinrichtung und dreimalige Auferstehung.

IV. Die achte bis zehnte Strophe bringen Totenerweckung, Bekehrung der Königin und Götzensturz.

Die Überlieferung des althochdeutschen Textes hört hier auf. Raumnot bestand nicht [210]. Über das eventuell Fehlende sind Spekulationen möglich [211]. Vielleicht aber sollte das unvermittelt Beginnende ebenso unver-

---

[208] Sieh zum Beispiel: J. Seemüller, Abhandlungen zur germanischen Philologie. Festgabe für Richard Heinzel, S. 279–353; G. Ehrismann, Geschichte der deutschen Literatur bis zum Ausgang des Mittelalters, I, S. 225; H. de Boor, Die deutsche Literatur von Karl dem Großen bis zum Beginn der höfischen Dichtung, S. 83; R. Kienast, Deutsche Philologie im Aufriß, II, Sp. 23 f.; Brauer, Die deutsche Literatur des Mittelalters. Verfasserlexikon, II, Sp. 21 f.; Hannemann, Die deutsche Literatur des Mittelalters. Verfasserlexikon, V, Sp. 254 (Literaturnachträge).

[209] Zur Strophenform, zum Stil (und so weiter) sieh: G. Ehrismann, Geschichte der deutschen Literatur bis zum Ausgang des Mittelalters, I, S. 225–227 (mit weiterer Literatur); H. de Boor, Die deutsche Literatur von Karl dem Großen bis zum Beginn der höfischen Dichtung, S. 84, 285 (mit Auswahl älterer und neuerer Literatur); Zarncke, Berichte über die Verhandlungen der Königlich-Sächsischen Gesellschaft der Wissenschaften zu Leipzig. Philologisch-Historische Classe 26 (1874) S. 13–19 (Refrain, Strophen); Scherer, ZDA. 19 (1876) S. 104–112; G. Ehrismann, PBB. 34 (1909) S. 177–183 (zum Stil); P. R. Kolbe, MLN. 31 (1916) S. 19–23 (zur Strophenform); J. Janota, Studien zu Funktion und Typus des deutschen geistlichen Liedes im Mittelalter, S. 219 f. (Georgslied als Prozessionslied); F. Maurer, Fragen und Forschungen im Bereich und Umkreis der germanischen Philologie. Festgabe für Theodor Frings, S. 338–341; F. Maurer, Die religiösen Dichtungen des 11. und 12. Jahrhunderts, I, S. 14; R. Koegel, Geschichte der deutschen Litteratur bis zum Ausgange des Mittelalters, I, 1, S. 98–102; R. Kienast, Deutsche Philologie im Aufriß, II, Sp. 23; K. H. Halbach, Deutsche Philologie im Aufriß, II, Sp. 448 f.; R. Schmidt-Wiegand, Die deutsche Literatur des Mittelalters. Verfasserlexikon, II (2. A.), Sp. 1213–1215.

[210] Entgegen: F. Maurer, Die religiösen Dichtungen des 11. und 12. Jahrhunderts, I, S. 14.

[211] Sieh zum Beispiel: H. de Boor, Die deutsche Literatur von Karl dem Großen bis zum Beginn der höfischen Dichtung, S. 83.

mittelt enden. Womöglich waren Steigerungen der tödlichen Marter über
die schließliche Zermalmung hinaus, Steigerungen der Wunder und der
Macht der Heiligen über die dreimalige Auferstehung, die Erweckung der
Toten, die Überwindung des Heidentums und die Abwehr des Höllen-
hundes (was durchaus wie eine Andeutung des Drachenkampfes der späteren Georgslegende wirkt[212]) hinaus nicht vorgesehen und wären in diesem
in allem sehr knapp gehaltenen Gedicht auch nicht recht vorstellbar, wiewohl die weitläufigen Legendentraditionen noch mancherlei Erweiterungen
und Übersteigerungen anbieten[213]. Auf die damit verbundenen Fragen kann
im Rahmen dieser Studie nicht weiter eingegangen werden.

Die Georgslegende ist weithin erforscht[214], was natürlich nicht heißen
kann, daß in allen unwesentlichen und wesentlichen Fragen auch Übereinstimmung bestünde oder eindeutige Antworten vorlägen. Dem braucht hier
nicht weiter nachgegangen zu werden. Es handelt sich um die Legende eines
Märtyrers von unzerstörbarem Leben[215], was gerade auch das althochdeutsche Georgslied voll zum Ausdruck bringt. Wie weit der Heilige in dieser

[212] Zum Drachentöter sieh im übrigen: J. B. Aufhauser, Das Drachenwunder des heiligen Georg in der griechischen und lateinischen Überlieferung, S. 195–217 (Das Drachenwunder nach der Legenda aurea), 237–246 (Die Entstehung der Legende vom Drachenkampf des hl. Georg); M. Schwarz, Der heilige Georg — Miles Christi und Drachentöter,
S. 85–95, 139–151 (mit weiterer Literatur). – Die Dichtung Reinbots von Durne (um das
Jahr 1245) hat den Drachenkampf noch nicht; sieh: F. Vetter, Der Heilige Georg des Reinbot von Durne, S. LXXV–CIX (Der Zusatz vom Kampfe Georgs mit dem Drachen); Der
heilige Georg Reinbots von Durne. Nach sämtlichen Handschriften herausgegeben von C. v.
Kraus; sieh aber: S. 18, V. 465–467: *ez mac vor im niht enwern: er sleht lewen unde bern,
trachen, lintwürme.* — Zu Reinbot von Durne sieh: F. Wilhelm, Münchener Museum für
Philologie des Mittelalters und der Renaissance 3 (1915) S. 229–231.
[213] Sieh zum Beispiel: F. Vetter, Der Heilige Georg des Reinbot von Durne, S. XVII–
LXXV (und andere mehr).
[214] Sieh etwa: F. Cumont, Revue de l'Histoire des Religions 114 (1936) S. 5–51; K. Krumbacher, Der heilige Georg in der griechischen Überlieferung; J. Friedrich, SB. der philosophisch-philologischen und der historischen Classe der k. b. Akademie der Wissenschaften
zu München. Jahrgang 1899. Zweiter Band, S. 159–203; von Gutschmid, Berichte über die
Verhandlungen der Königlich Sächsischen Gesellschaft der Wissenschaften zu Leipzig. Philologisch-Historische Classe. Dreizehnter Band, S. 175–202; M. Huber, Festschrift zum XII.
Allgemeinen Deutschen Neuphilologentage in München, S. 175–235; B. Kötting, Lexikon
für Theologie und Kirche, IV, Sp. 690–692; J. E. Matzke, PMLA. 17 (1902) S. 464–535; 18
(1903) S. 99–171; 19 (1904) S. 449–478; C. Weyman, Münchener Museum für Philologie
des Mittelalters und der Renaissance 1 (1912) S. 302–309, 3 (1915) S. 216; Zarncke, Berichte über die Verhandlungen der Königlich Sächsischen Gesellschaft der Wissenschaften
zu Leipzig. Philologisch-Historische Classe 27 (1875) S. 256–277; K. Zwierzina, Untersuchungen und Quellen zur Germanischen und Romanischen Philologie. Johann von Kelle
dargebracht von seinen Kollegen und Schülern. Erster Teil, S. 555–564. — Sieh jetzt auch:
W. Haubrichs, Georgslied und Georgslegende im frühen Mittelalter, S. 203–361, 405–523.
— Sieh auch: die in den Anmerkungen weiter oben und weiter unten genannte Literatur.
[215] K. Zwierzina, Innsbrucker Festgruß von der Philosophischen Fakultät dargebracht
der 50. Versammlung deutscher Philologen und Schulmänner in Graz, S. 130–158; K. Zwierzina, Nachrichten von der Gesellschaft der Wissenschaften zu Göttingen aus dem Jahre
1927. Philologisch-Historische Klasse, S. 130–150, insbesondere: S. 138.

Dichtung als *figura Christi*[216] aufgefaßt werden kann, ist hier nicht zu erörtern.

Wichtiger ist die Frage einer Vorlage für die althochdeutsche Dichtung. Doch haben die Annahme einer unmittelbaren Vorlage und die Suche danach zu keinem Ergebnis geführt, weil die Frage, hier wie bei andern Dichtungen[217] auch, wohl falsch gestellt war. Man hatte früh erkannt, daß das Georgslied auf den Laien wirken, den Laien ansprechen sollte; ,je größer die Taten, umso wirksamer der Heilige'[218]. Dem entsprechen der regelmäßige Versbau, die refrainartigen Einschübe, die Anpassung an den Hymnenstil insgesamt, die einfache Darstellungsweise, die knappen Formulierungen, die Aneinanderreihung kurzer Hauptsätze. ,Auf die Erzählung der legendarischen Facta kommt es dem Dichter viel weniger an, als darauf, seine Zuhörer in Begeisterung zu setzen. Er will die Gemüter für seinen Heiligen erwärmen. Die epische Mitteilung des Thatsächlichen fasst er so kurz wie möglich; man hat den Eindruck, als setze er die Kenntnis der Legende bei seinem Publicum in der Hauptsache voraus. Er begnügt sich durchaus mit Andeutungen; es scheint, als habe er nur Bekanntes im Gedächtniss wieder auffrischen wollen. Ohne Hülfe der lateinischen Passio wäre es schwer, den Sinn seiner Worte klar zu verstehen'[219].

Diesen, schon im vorigen Jahrhundert geschriebenen, Sätzen ist kaum etwas hinzuzufügen. Die Annahme einer direkten Quelle oder gar Vorlage ist nicht vonnöten. Was wir nur mit Mühe und nur mit Hilfe der Legendenüberlieferung klar verstehen können, muß schon Allgemeingut des gläubigen Volkes gewesen sein. Das harmoniert dann nicht mehr mit der Annahme, daß eine solche Dichtung den absoluten Beginn der Georgsverehrung an einem Ort oder in einer engeren Landschaft anzeigen müsse. Sie setzt die Verehrung des Heiligen, wenn auch womöglich in einer begeisterten Anfangsphase, mit ziemlicher Sicherheit voraus.

Angesichts der Geschichte des Codex Pal. lat. 52, seinem Aufenthalt im Oberrheingebiet, und zwar vermutlich auf der Reichenau, ist die in diesem Raum anzutreffende Überlieferung der Georgslegende dennoch von gewissem Interesse. Dazu gehören zwei St. Galler Handschriften (550 und 435)[220], von denen eine (435) jedoch nur einen fragmentarischen Text bringt,

---

[216] F. Tschirch, Festschrift Helmut de Boor, S. 1–19; M. Schwarz, Der heilige Georg — Miles Christi und Drachentöter, passim.

[217] Sieh zum Beispiel: R. Schützeichel, Euphorion 54 (1960) S. 134 (zur Frage der Quelle des Ezzoliedes) mit der älteren Literatur.

[218] H. de Boor, Die deutsche Literatur von Karl dem Großen bis zum Beginn der höfischen Dichtung, S. 84. — Sieh auch: R. Koegel, Geschichte der deutschen Litteratur bis zum Ausgange des Mittelalters, I, S. 108 (Nähe zur Volksballade); G. Ehrismann, Geschichte der deutschen Literatur bis zum Ausgang des Mittelalters, I, S. 227f.

[219] R. Koegel, Geschichte der deutschen Litteratur bis zum Ausgange des Mittelalters, I, S. 107.

[220] G. Scherrer, Verzeichniss der Handschriften der Stiftsbibliothek von St. Gallen, S. 169f., 142f.; Zarncke, Berichte über die Verhandlungen der Königlich Sächsischen Gesellschaft der Wissenschaften zu Leipzig. Philologisch-Historische Classe 26 (1874) S. 42;

weiterhin Hymnen und Tropen von S. Georgius aus Reichenauer Handschriften[221]. In einem dieser Reichenauer Tropen[222] erscheint auch der dem *tacianus uuuoto* des althochdeutschen Georgsliedes entsprechende Name *Dacianus* (*Georgius, Christi/secutor/et agonista./ Qui passus est/sub Daciano/imperatore cruento . . .*). Er steht diesem mithin ebenso nahe wie die Schreibungen *Datianus, Dacianus* in der *Passio S. Georgii* des Codex Sangallensis 550[223], auf die man gerne hinweist[224]. Der Codex Sangallensis 550[225] aber, der in das ausgehende 9. Jahrhundert datiert wird, ist nicht sanktgallisch, wie die darin enthaltenen Formeln (*Literae formatae Augienses et Murbacenses*) zeigen und die in diesen genannten Äbte von Murbach und Walahfrid Strabo von der Reichenau. Das hatte man bisher noch kaum beachtet.

Der Blick wird also immer wieder auf die Reichenau gelenkt. Die Beobachtungen zur Überlieferung der Georgslegende erhalten aber, wie oben schon angedeutet, erst im Zusammenhang der Geschichte des Codex Pal. lat. 52 Gewicht. Für sich genommen können sie angesichts der frühen und weiten Verbreitung der Legende in Westeuropa, wie sie in der Forschung inzwischen immer deutlicher geworden ist[226], in der Frage der Herkunftsbestimmung des althochdeutschen Georgsliedes keinen Ausschlag geben. Der genannte Codex Sangallensis hat in seiner *Passio S. Georgii* wichtige Übereinstimmungen mit dem althochdeutschen Georgslied, wenn auch nicht in allem die gleiche Reihenfolge, wie alsbald bemerkt[227] worden ist. Aber auch andere Überlieferungen weisen inhaltliche Ähnlichkeiten auf, wie man

---

27 (1875) S. 256–277. — Sieh jetzt auch: W. Haubrichs, Georgslied und Georgslegende im frühen Mittelalter, S. 259–261.

[221] C. Blume, AH. 34 (1900) Nr. 237, 238, 240, S. 192–194, 196 (aus Reichenauer Handschriften des 10. Jahrhunderts). Ungenaue Hinweise bei: G. Ehrismann, Geschichte der deutschen Literatur bis zum Ausgang des Mittelalters, I, S. 227, Anmerkung 2. — Sieh jetzt: W. Haubrichs, Georgslied und Georgslegende im frühen Mittelalter, S. 330. Ein hier genannter ‚Hymnus aus St. Gallen bzw. der Reichenau (10. Jh.?)‘ steht in einer St. Galler Papierhandschrift des 14. oder 15. Jahrhunderts (G. M. Dreves, AH. 4, 1888, Nr. 261, S. 144; G. Scherrer, Verzeichniss der Handschriften der Stiftsbibliothek von St. Gallen, Nr. 410, S. 137); zu dem hier genannten, angeblich vom Hohentwiel stammenden Hymnus, angeblich des 10. Jahrhunderts, sieh: C. Blume, AH. 51 (1908) Nr. 155, S. 180; L. C. Mohlberg, Mittelalterliche Handschriften, S. 196f. (Nr. 451, Rheinau 83: Handschrift des 11. Jahrhunderts aus Kempten im Allgäu).

[222] C. Blume, AH. 34 (1900) Nr. 238, S. 193.

[223] Zarncke, Berichte über die Verhandlungen der Königlich Sächsischen Gesellschaft der Wissenschaften zu Leipzig. Philologisch-Historische Classe 27 (1875) S. 265–277 (passim).

[224] Zum Beispiel: H. de Boor, Die deutsche Literatur von Karl dem Großen bis zum Beginn der höfischen Dichtung, S. 84 (hier irrtümlich: *Dadianus*).

[225] G. Scherrer, Verzeichniss der Handschriften der Stiftsbibliothek von St. Gallen, S. 169. — Sieh jetzt auch: W. Haubrichs, Georgslied und Georgslegende im frühen Mittelalter, S. 259f. (Hinweis in Anmerkung 228).

[226] Sieh die weiter oben schon genannte Literatur.

[227] Sieh zuletzt beispielsweise: H. de Boor, Die deutsche Literatur von Karl dem Großen bis zum Beginn der höfischen Dichtung, S. 83f.

ebenfalls früh gesehen hat[228]. Das kann aber keine Spekulation begründen
helfen, die darauf abzielt, eine Entstehung des althochdeutschen Georgsliedes in einem andern als dem oberrheinischen Raum zu suggerieren[229].
Blickt man auf ein ‚Zentrum der Georgsverehrung' mit erhaltener Legendenüberlieferung, so ist an der Reichenau auch ohnehin nicht vorbeizukom-
men[230]. Wie der Codex Sangallensis 550 zeigt, und zwar deutlicher als man
bisher gesehen hat oder sehen wollte, war eine dem althochdeutschen
Georgslied in vielem nahestehende *Passio S. Georgii* gegen Ende des 9. Jahrhunderts auf der Reichenau bekannt. Daß auch noch andere (zum Teil
ähnliche) Überlieferungen dort zusammenkamen, ändert daran natürlich
nichts[231], verstärkt eher den Eindruck einer lebendigen Georgsverehrung.
Gegen Ende des 9. Jahrhunderts (a. 888) wurde in Reichenau-Oberzell eine
Georgskirche begründet, in die im Jahre 896 von Rom aus die Translation des Hauptes des Heiligen erfolgte[232]. Auch das begründet für sich
genommen keinen Nachweis der Entstehung des althochdeutschen Georgsliedes auf der Reichenau, zeigt aber, daß aus dem Blickwinkel der Legendenüberlieferung und der Heiligenverehrung, zudem vor dem Hintergrund der
Geschichte des Codex Pal. lat. 52, dieser Kultort nicht von vornherein über-
gangen werden kann. Nur schwerwiegende sprachliche Gründe könnten die
Blickrichtung ändern, wovon noch zu sprechen sein wird.

Sollte aber das Rheinfränkische, Mittelfränkische, Niederfränkische etwa
aus sprachlichen Gründen in Betracht kommen, so fiele der Blick auf die
ältesten Georgskultorte in diesem Raum: Baralle, Cambrai, Amay, Nivelles,
vielleicht Lüttich, Prüm, Metz, Mainz, Limburg an der Lahn[233]. Darunter

---

[228] Sieh etwa: Zarncke, Berichte über die Verhandlungen der Königlich Sächsischen Gesellschaft der Wissenschaften zu Leipzig. Philologisch-Historische Classe 26 (1874) S. 41f.;
R. Koegel, Geschichte der deutschen Litteratur bis zum Ausgange des Mittelalters, I, S. 103;
sieh auch: M. Huber, Festschrift zum XII. Allgemeinen Deutschen Neuphilologentage,
S. 183–185.

[229] W. Haubrichs, Georgslied und Georgslegende im frühen Mittelalter, S. 365: ‚Wir
haben daher mit einem Kultort des hl. Georg zu rechnen, an dem seit der zweiten Hälfte
des 9. Jh.s ernsthafte Bemühungen um die Gestalt der Georgslegende im Gange waren, wo
man sich sukzessive mindestens zehn bis elf verschiedene Fassungen der Legende besorgte
und sie — wenn auch oft sehr unvollkommen — zusammenarbeitete'.

[230] W. Haubrichs, Georgslied und Georgslegende im frühen Mittelalter, S. 367: ‚Manches spricht dafür, daß es im Raum von Rhein, Mosel und Maas zu suchen ist, wohin die
Überlieferung primär abstrahlt. Es muß ferner über ein bedeutendes Skriptorium verfügt
haben, muß weitreichende Beziehungen geknüpft haben, die nach Aquitanien, Bayern, Ita-
lien, in das Westfrankenreich reichten. In den Raum von Auxerre, Sens, Chartres und Angers
reflektierte wiederum die Überlieferung. In diesem Zentrum des Georgskultes scheinen sich
romanische Mönche aufgehalten zu haben. In Frage kommen für die Identifikation Baralle,
Amay an der Maas, Metz, Prüm und die Reichenau'.

[231] Anders: W. Haubrichs, Georgslied und Georgslegende im frühen Mittelalter, S. 367
(und öfter).

[232] Sieh zuletzt: W. Erdmann, Die Abtei Reichenau, S. 590 (mit den Quellenangaben).

[233] W. Haubrichs, Georgslied und Georgslegende im frühen Mittelalter, S. 376, 377 (mit
unvollständiger Karte); J. Dorn, Archiv für Kulturgeschichte 13 (1917) S. 231 (nur Limburg).

sind sehr bedeutende Orte, so die Bischofsstädte Cambrai, Metz, Mainz. Warum sie zugunsten von Prüm ausgeschlossen werden könnten, ist kaum einzusehen, ‚hatte man schließlich in dem seit 882 zerstörten Prüm sicherlich andere Sorgen'[234]. Für Baralle und Amay wird ihre Zerstörung durch die Normannen in den achtziger Jahren des 9. Jahrhunderts durchaus ins Feld geführt[235], für Prüm aber an der gleichen Stelle unerwähnt gelassen. An anderer Stelle[236] wird hingegen behauptet und als ‚gesichert' hingestellt, ‚daß das althochdeutsche Lied auf den byzantinischen Soldatenheiligen und *megolomartyr* Georg ... zur Zeit der Normannenkriege, die das Eifelkloster so schwer trafen, also wohl in den Achtziger [!] Jahren des 9. Jh.s in Prüm entstanden ist'.

Prüm war nicht unbedeutend[237]. Doch wird man sich vor Übertreibungen hüten müssen. Lothar I. schenkte dem Kloster Prüm an einem nicht näher bekannten Tag des Jahres 852[238] ein *brachium sancti Georgii martiris*, was für die Begründung einer Georgsverehrung dort wohl von Belang gewesen sein könnte. Das Diplom ist nur als unvollständiges Transsumt in dem auf Geheiß Heinrichs II. im Jahre 1003 angelegten und in einer Abschrift vom Ende des 16. Jahrhunderts überlieferten Prümer Schatzverzeichnis erhalten. Trotz der besonderen Überlieferungslage kann es durchaus nicht als spätere Fiktion abgetan werden. Die in der Urkunde enthaltene Liste der Schenkungen Lothars I. an Prüm dürfte auch vollständig sein. Doch ist diese Liste recht lang und enthält eine Aufzählung von Handschriften, liturgischen Geräten und sehr vielen (zum Teil bedeutenden) Reliquien, unter denen der Arm des heiligen Georg geradezu verschwindet: *id est de ligno sanctae crucis, de sepulchro domini, de loco Caluarie, de presepio domini, de mensa domini, de lapide ubi orauit in Monte Oliueti, de sudario domini, de spongia, de uestimento sanctę Mariae, manum sancti Iacobi fratris domini cum parte brachii, caput sancti Cosmę, brachium sancti Georgii martiris, brachium sancti Theodori martiris absque manu, pedem sancti Simeonis qui dominum suscepit in templo, os sancti Zacharię filii Barachię, os sancti Thome apostoli, pedem et brachium sanctę Anastasię virginis, caput Sisinnii martiris, pedem sancti Hieronymi presbiteri simul et brachium sancti Stephani prothomartiris, ossa prophetarum, ossa Innocentium ...*

Die Schenkung und das Prümer Schatzverzeichnis insgesamt sagen etwas für die Bedeutung dieses Klosters aus, aber nichts über eine bedeutende Georgsverehrung. Die einzige erhaltene Überlieferung des Prümer Schatzverzeichnisses, die Trierer Abschrift vom Ende des 16. Jahrhunderts, enthält noch einen Schlußvermerk, der aber nicht nur für die Datierung bemerkens-

---

[234] W.-R. Schleidgen, AHVNRh. 183 (1980) S. 309.

[235] W. Haubrichs, Georgslied und Georgslegende im frühen Mittelalter, S. 367.

[236] W. Haubrichs, Die Kultur der Abtei Prüm zur Karolingerzeit, S. 131.

[237] Sieh jetzt: W. Haubrichs, Die Kultur der Abtei Prüm zur Karolingerzeit; dazu W.-R. Schleidgen, AHVNRh. 183 (1980) S. 306–309.

[238] Diplom Lothars I. 122, MGH. Die Urkunden der Karolinger. III. Die Urkunden Lothars I. und Lothars II. Bearbeitet von Th. Schieffer, S. 279–281, S. 281.

wert ist: *Anno dominice incarnationis DCCCLII, indictione XV adveniens Lotharius imperator Prumiam monasterium, quod est constructum in honore domini et salvatoris nostri Iesu Christi nec non et genitricis eiusdem domini et dei nostri, beatissimi quoque Iohannis babtistę et precursoris eius, sanctissimorum etiam apostolorum Petri et Pauli ceterorumque apostolorum, Stephani quoque prothomartiris cunctorumque sanctorum martirum, Martini etiam et Benedicti venerabilissimorum confessorum cunctorumque sanctorum, anno imperii sui in Italia XXXIII et in Francia XIII, et obtulit hęc mente devota sancto Salvatori et omnibus prefatis sanctis pro remedio anime suę et coniugis defuncte prolisque et omnium predecessorum suorum, pro statu regni.* Hier werden also das Prümer Salvatorpatrozinium genannt und die wichtigen Heiligen namentlich hervorgehoben. Georg ist nicht darunter.

Direkte Belege für ‚Bearbeitungen der Georgslegende und das von ihnen quellenmäßig abhängige ahd. Georglied‘ im Kloster Prüm des späten 9. Jahrhunderts liegen nicht vor und lassen sich eben nicht durch die Suggestion einer sogenannten ‚Streuüberlieferung‘ ersetzen[239], ebensowenig wie direkte oder tragfähige indirekte Hinweise für Pilgerfahrten der *familia* des Klosters Prüm zum Fest des heiligen Georg schon um die Mitte des 9. Jahrhunderts[240] vorliegen, was ‚für die Prümer Mönche Anlaß genug‘ gewesen sei, die Laien ‚in volkssprachlicher [!] Predigt und volkssprachlichem [!] Heiligenlied‘ ‚über die Bedeutung des gefeierten Märtyrers aufzuklären‘. Die ‚Basis für diese Spekulation‘ ist in der Tat ‚zu schmal‘[241].

4. Zur sprachlichen Herkunftsbestimmung

Eine sprachliche Herkunftsbestimmung des althochdeutschen Georgsliedes müßte sich auf den Lautstand und eventuell vorhandene Besonderheiten des Wortschatzes stützen, was aber durch die weiter oben schon erwähnte unvergleichliche Orthographie des Denkmals erschwert ist.

Diese Orthographie ist vor allem durch die häufig eingestreuten *h*-Schreibungen ausgezeichnet, deren Funktion aber nicht immer eindeutig zu erkennen ist. Eindeutig erkennbar ist die häufige Nachstellung des zu erwartenden germanischen oder prothetischen *h* (wie in *ahrto* 52, 60 neben *harto* 72, in *uhus* 41, *uuhs* 89 neben *huus-* 51). Immerhin wahrscheinlich ist die hiatustilgende Funktion in Diphthongen (wie in *tohuben* 37). Weiterhin

---

[239] W. Haubrichs, Georgslied und Georgslegende im frühen Mittelalter, S. 369, Anmerkung 702: ‚Die Streuüberlieferung der von uns namhaft gemachten Bearbeitungen des rheinischen Zentrums des Georgskultes spricht nicht gegen Prüm, sind doch die Hss. des bedeutenden Klosters in der Eifel zum größeren Teil ganz verloren, zum kleineren Teil auf zahlreiche Bibliotheken verteilt, so daß die Rekonstruktion der kulturellen und literarhistorischen Bedeutung des Prümer Skriptoriums weitgehend von Reflexen ausgehen muß‘ [sic!].
[240] So: W. Haubrichs, Die Kultur der Abtei Prüm zur Karolingerzeit, S. 136f.
[241] W.-R. Schleidgen, AHVNRh. 183 (1980) S. 309.

steht *h* bei verschiedenen Konsonanten, so nach *r* (wie in *frham* 58) oder vorangestellt (wie in *lehren* 102), nach *s* (wie in *shar* 41) oder weiter weggerückt (wie in *suhl* 40), nach *d* (wie in *dho* 13), nach *g* (wie in *kuningha* 14) oder weiter weggerückt (wie in *shagehn* 63). In anderen Fällen fehlt ein die Konsonanten so oder so begleitendes *h* völlig (wie in *rike* 44) oder auch bei vokalischem Anlaut (wie in *er* 5)[242]. Mithin ist eine wohl ursprünglich vorhandene Norm bei einem zunächst regellos erscheinenden Durcheinander immerhin erkennbar, auch wenn sich diese ursprüngliche Norm nicht leichthin festlegen läßt. Die anzunehmenden zwei Schichten deuten sich auch bei den sonstigen Schreibungen an, schließlich durch offenkundige Schreibfehler, die bei der Abschrift oder bei einer Niederschrift nach Diktat ebenso entstanden sein können wie die sonstigen Unregelmäßigkeiten. Übergeschriebene Buchstaben (wie in *frhm̊* 70) zeigen den Willen zur Korrektur, die wenigstens im Ansatz versucht worden ist, wie beispielsweise auch nachgeschriebenes korrigierendes *b* (in *litb* 28) und die Verbesserung *mahrko* (aus *makrko* 3). Die Korrektur ist aber ebensowenig abgeschlossen worden wie die Niederschrift des Textes.

Der Text, den wir als Grundlage oder Vorlage der Eintragung des Codex Pal. lat. 52 annehmen müssen und der die ältere Schicht dargestellt hat, könnte wohl hundert Jahre älter sein als die Niederschrift des 11. Jahrhunderts. In Wahrheit fehlen uns aber die rechten Vergleichsmöglichkeiten, da wir nicht mit Sicherheit ausmachen können, was zur ältesten Schicht gehört und was auf Kosten des späteren Schreibers geht. Eine Möglichkeit relativer Datierung besteht bei der Annahme Reichenauer Herkunft auch des Vorgängerliedes, was naheliegend und insofern wahrscheinlich ist, und zwar in der weiter oben bereits erwähnten Translation des Hauptes des heiligen Georg a. 896 nach Reichenau-Oberzell, womit ein terminus post quem gegeben wäre. Das wohl frühestens im Schwung der beginnenden Reichenauer Georgsverehrung entstandene Lied ist letztlich nicht rekonstruierbar, weswegen weiter oben ein Text in enger Bindung an die Überlieferung hergestellt worden ist und weswegen in einem Wörterbuch[243] die verschiedenen Schreibungen prinzipiell als Varianten respektiert worden sind. Die nicht überlieferte Grundlage, nach der einem Schreiber womöglich diktiert wurde, oder die nicht überlieferte Vorlage, von der er abzuschreiben bemüht war, kann die Besonderheiten der Orthographie schon gehabt haben und auch

---

[242] Sieh, auch für das Folgende, die Aufstellungen bei: G. Ehrismann, Geschichte der deutschen Literatur bis zum Ausgang des Mittelalters, I, S. 221–223; K. Siemers, PBB. 34 (1914) S. 100–105; H. Pongs, Das Hildebrandslied, Ueberlieferung und Lautstand im Rahmen der ahd. Literatur, S. 138–143; F. Tschirch, PBB. 73 (1951) S. 387–422; H. de Boor, Festschrift Josef Quint, S. 73–81; F. H. Wood, Modern Philology 12 (1914/1915) S. 172–178; D. J. Gillam, Medium Aevum 7 (1938) S. 76–78; J. K. Bostock, Medium Aevum 5 (1936) S. 189–198. — Sieh jetzt auch: W. Haubrichs, Georgslied und Georgslegende im frühen Mittelalter, S. 74–150.

[243] R. Schützeichel, Althochdeutsches Wörterbuch, zum Beispiel: S. 1 (unter *abcrunt*), 42 (unter *er¹*), 57 (unter *fram*), 78 (unter *heidan²*), 123 (unter *marca*), 159 (unter *sār*) (und so weiter); sieh auch: Einleitung, S. XXVI.

ihre Uneinheitlichkeit, die bei der neuen Niederschrift lediglich noch ver-
größert wurde. Diesem Gedanken ist zunächst einmal nachzugehen, und
zwar gerade im Hinblick auf die Behandlung von germ. *k* in der Orthographie dieses Denkmals.

Dem ersten Anschein nach ist postvokalisches germ. *k* unverschoben,
wird wenigstens in der überwiegenden Zahl der Fälle mit *k* wiedergegeben,
so in *mikilemo* 2,4, *ceikien* 31, *sprekenten* 36, *praken* 64 (und so weiter). Damit läge in diesem Denkmal der merkwürdige Fall vor, daß germ. *t*, wie
allgemein im Hochdeutschen, in allen in Betracht kommenden Stellungen
verschoben wäre (*ze* 1, *5*, *ce* 20, 32, 63. *halcen* 39, *uhus* 41, *daz* 7, 11, 17
und öfter), aber neben größtenteils unverschobenem germ. *k* stünde. Dafür
gibt es keine Parallele in einem anderen althochdeutschen Text und auch
nicht in einer neuzeitlichen Mundart, so daß die Möglichkeit praktisch ent-
fällt, aus dem merkwürdigen Nebeneinander eine nähere Lokalisierung des
Denkmals zu gewinnen. Über dennoch unternommene Versuche in dieser
Richtung wird weiter unten noch zu sprechen sein.

Naheliegende Erklärung der auffälligen *k*-Schreibungen war die Annahme
eines romanischen Schreibers[244], der den ihm fremden frikativen Velar bei
der Niederschrift (etwa nach Diktat) durch das ebenso velare *k* substituiert
hätte. Diese Annahme gäbe für eine nähere Lokalisierung nichts her, lenkte
das Augenmerk aber immerhin auf die Sprachgrenze zwischen den Alpen
und den Niederlanden mit einem breiten Band beiderseits und vor allem
östlich dieser Grenze, in dem die Anwesenheit eines schreibenden Romanen
bei gleichzeitigem Kontakt mit dem Althochdeutschen mancherorts möglich
war, in Aachen, Prüm, Trier, Metz, Mainz, Lorsch, Weißenburg, Reichenau,
um nur einige Beispiele zu nennen[245]. Da manche Schreibungen des althochdeutschen Georgsliedes aus alemannischen Mundartverhältnissen erklärt werden könnten[246], der Rest dann bei Annahme eines romanischen
Schreibers, so wurde es unter dem Eindruck der weiter oben schon mehr-
fach erwähnten Translation des Hauptes des heiligen Georg a. 896 nach
Reichenau-Oberzell zur festen Lehre, daß das Georgslied aus diesem Anlaß

---

[244] R. Koegel, Geschichte der deutschen Litteratur bis zum Ausgange des Mittelalters,
I, 1, S. 95: ‚Ein Mann Namens *Uuisolf*, der weder ordentlich schreiben gelernt hatte noch
deutsch verstand . . .‘; Zarncke, Berichte über die Verhandlungen der Königlich Sächsischen
Gesellschaft der Wissenschaften zu Leipzig. Philologisch-Historische Classe 26 (1874) S. 30:
‚Er als Ausländer wird die Fricativa der *k*-Laute etwas härter gesprochen haben . . .‘; E. v.
Steinmeyer, Die kleineren althochdeutschen Sprachdenkmäler, S. 99: ‚Uuisolf . . ., wenn er
Deutsch zu schreiben imstande gewesen wäre‘.

[245] Zu den romanischen Inseln östlich der heutigen Sprachgrenze sieh etwa: R. Schützeichel, Die Grundlagen des westlichen Mitteldeutschen, S. 85f., 126–134, 138–142, 148–155,
216–238, 276f., 279–281, 307–311, 407, 416f.; H. v. Gadow, BNF. NF. 10 (1975) S. 46–63;
H. Kuhn, Kleine Schriften, IV, S. 83–92, 448–488, 489–522; R. Schützeichel, BNF. NF. 14
(1979) S. 72f.; E. Ewig, Aspekte der Nationenbildung im Mittelalter, S. 109–126; M. Pfister,
Aspekte der Nationenbildung im Mittelalter, S. 128–140.

[246] K. Siemers, PBB. 39 (1914) S. 98–115; G. Ehrismann, Geschichte der deutschen Literatur bis zum Ausgang des Mittelalters, I, S. 221–224; W. Braune – K. Helm – E. A. Ebbinghaus, Althochdeutsches Lesebuch, S. 177: ‚alemannisch‘.

auf der Reichenau gedichtet und niedergeschrieben und später in einen anderen auf der Reichenau befindlichen Codex eingetragen worden wäre[247]. Auf die Reichenau weist in der Tat sehr vieles, was aber größtenteils erst jetzt sichtbar gemacht werden konnte[248].

Die Zuversicht der Annahme Reichenauer Herkunft ist aber zunächst einmal zerstört worden[249]. Anlaß war das, bis dahin als unerklärbar geltende, *betamo 95*, in dem nun das formelhafte **bet namon* (*bit namon* ‚mit Namen') erkannt wurde[250], das sich gut in den unmittelbaren Kontext einfügt. Freilich ist der ältere Gedanke[251], an dieser Stelle *ih beta' mo* (für: *ih betōn imo . . .*) zu lesen[252], nicht völlig von der Hand zu weisen, so schwer auch die Argumente wiegen, die gegen diese Lösung vorgebracht worden sind. Die eigentliche Schwierigkeit (und zugleich der für die Lokalisierungsfrage wichtige Anknüpfungspunkt) liegt in dem angenommenen *bet* für *mit*, dessen Geltungsbereich nun von Belang wird. Die räumliche Verbreitung von *bit* (mit Einschluß der abgeschwächten Form *bet*) für *mit* war in einer eigenen Untersuchung[253] abgesteckt worden. Die Erscheinung zeigt sich schon früh in üblicherweise als rheinfränkisch, mittelfränkisch und niederfränkisch bezeichneten Gebieten und bildet rechtsrheinisch eine weit nach Osten vorspringende Bucht. Womöglich hat sich der Lautwandel von Westen her ostwärts ausgebreitet. Er wirkt mit diesem Verbreitungsraum jedenfalls wie eine fränkische Erscheinung, was eine Neuorientierung in der sprachgeographischen Einordnung des Georgsliedes mit seinem glücklich erkannten *bet* (*bet namon*) erforderlich machte[254]. Das Denkmal war nun wieder als fränkisch anzusehen, wenn auch keine genauere Lokalisierung möglich war, eine Auffassung, die man[255] übernehmen zu können glaubte. Zum mindesten läßt sich sagen, daß das als *bet namon* aufgefaßte *betamo* des Georgsliedes für sich genommen einer fränkischen Lokalisierung nicht im Wege steht.

Indessen wurde die Untersuchung des *bit/mit*-Gegensatzes auf stark verbreiteter Quellengrundlage weiter ausgebaut[256], was eine Verdichtung des fränkischen Belegnetzes dieser Erscheinung zwischen Speyer und den Nie-

---

[247] Th. Längin, Die Kultur der Abtei Reichenau, S. 692–694; G. Baesecke, PBB. 51 (1927) S. 217; G. Ehrismann, Geschichte der deutschen Literatur bis zum Ausgang des Mittelalters, I, S. 224; sieh auch: H. de Boor, Festschrift Josef Quint, S. 72; H. de Boor, Die deutsche Literatur von Karl dem Großen bis zum Beginn der höfischen Dichtung, S. 83.

[248] Sieh die vorangehenden Teile dieser Untersuchung, insbesondere: I, 6; I, 8; I, 9; II, 6; II, 7; III, 3.

[249] H. de Boor, Festschrift Josef Quint, S. 69–81.

[250] H. de Boor, Festschrift Josef Quint, S. 70f.

[251] E. Ochs, PBB. 46 (1922) S. 334–336.

[252] Sieh auch: Zarncke, Berichte über die Verhandlungen der Königlich Sächsischen Gesellschaft der Wissenschaften zu Leipzig. Philologisch-Historische Classe 26 (1874) S. 19; Grienberger, PBB. 47 (1928) S. 466; F. A. Wood, Modern Philology 12 (1914/1915) S. 176.

[253] R. Schützeichel, ZMF. 23 (1955) S. 101–136.

[254] H. de Boor, Festschrift Josef Quint, S. 71.

[255] R. Schützeichel, Mundart, Urkundensprache und Schriftsprache, S. 183.

[256] R. Schützeichel, Mundart, Urkundensprache und Schriftsprache, S. 154–214.

derlanden erbrachte, aber auch außerhalb dieses Raumes zu lokalisierende
Zeugnisse ins Licht rückte. Hier sind zunächst mundartliche Vorkommen
von Belang, die gerade weit im Süden anzutreffen sind, nämlich *bid* für *mit*
in der Mundart von Visperterminen im Wallis, dann in einigen deutsch-
sprachigen Gemeinden auf den Alpen von Vicenza und Verona *bit* und *bet*
neben *mit* und *met*, *bitteme* ‚mit dem‘, *biter* ‚mit der‘, *pitanandar* ‚miteinander‘, *bitan* ‚mit den‘ (und andere mehr[257]). Es könnte sich gerade bei den
Vorkommen in den Sprachinseln um spät erhaltene Reste einer früher
weiter verbreiteten Erscheinung handeln, auch wenn nicht an ein mit dem
Fränkischen zusammenhängendes geschlossenes Gebiet gedacht zu werden
braucht.

Weiterhin ist aber auch zu beachten, daß es sich bei *bet namon* um eine
feste, formelhafte Verbindung handelt, so daß es um so verständlicher wird,
wenn das Georgslied sonst *mit* 2,4 hat[258]. Das Nebeneinander von *bit* und
mit im gleichen Text ist aber in der Überlieferung geradezu alltäglich und
auch sonst häufig anzutreffen[259]. Die feste, formelhafte Verbindung vergleicht sich aber durchaus später anzutreffendem *betalle*, wie man[260] sogleich gesehen hatte. Formen des Typus *betalle* (*bitalle*, *bidalle*, *bedalle*,
albetalle, *albedalle*, *albedelle*, *albedille*) haben sich im Laufe des Mittelalters in literarischen Denkmälern weite überlandschaftliche Geltung ver-
schaffen können, über den westmitteldeutschen Bereich hinaus im Mittel-
niederländischen, im Mittelniederdeutschen bis zum Redentiner Osterspiel
und im weiteren hochdeutschen Raum, nämlich im Lanzelet, in verschiedenen Tristanhandschriften, bei Konrad von Würzburg, in einem Tegernseer Arzneibüchlein, in einer Straßburger Handschrift, in urkundlichen Texten[261], um einiges anzudeuten. Den Unterschied einer solchen festen, for-
melhaften Verbindung gegenüber dem stärker landschaftlich gebundenen
bit, *bet* wird man wohl beachten müssen, so daß auch bei *bet namon* mit
wenigstens ansatzweise vorhandener literarischer Geltung im angedeuteten
Sinne zu rechnen ist, auch wenn sich diese Verbindung in den späteren
Jahrhunderten nicht so stark durchsetzen konnte wie *betalle*[262]. Das bedeutet aber, daß in der Frage der Lokalisierung des Georgsliedes das Oberdeutsche aufgrund von *bet namon* nicht mehr zugunsten des Fränkischen
ausgeschlossen werden kann, zumal auch noch die weiter oben genannten
südlichen *bit*-Vorkommen in Mundarten zu berücksichtigen sind. Das aus
bet namon gewonnene und zunächst fast zwingend erscheinende ‚fränkische‘ Argument war, auf's Ganze gesehen, ein Trugschluß, auch wenn es

---

[257] R. Schützeichel, Mundart, Urkundensprache und Schriftsprache, S. 181 (mit den
Nachweisen).
[258] H. de Boor, Festschrift Josef Quint, S. 71.
[259] R. Schützeichel, Mundart, Urkundensprache und Schriftsprache, S. 180–200.
[260] H. de Boor, Festschrift Josef Quint, S. 71.
[261] R. Schützeichel, Mundart, Urkundensprache und Schriftsprache, S. 186–188 (mit
weiteren Beispielen und mit den Nachweisen).
[262] Beispiele für *bit namon* in urkundlichen und anderen Texten: R. Schützeichel, Mundart, Urkundensprache und Schriftsprache, S. 191f., 194–197, 202 (mit Nachweisen).

neuerdings[263] wieder unbesehen und ohne vollständige Berücksichtigung der inzwischen vorliegenden Literatur übernommen worden ist.

In *bet namon* könnte man also so etwas wie ein (freilich versagendes) wortgeographisches Kriterium für die Lokalisierung sehen, wiewohl es sich bei dem Gegensatz *bit/mit* insgesamt um ein lautliches und also lautgeographisch zu beurteilendes Phänomen handelt. Man[264] hat nun versucht, das Instrument der Wortgeographie mit anderen Wortvorkommen des Georgsliedes für eine Lokalisierung zu benutzen, was aber in keinem Fall ein zwingendes Argument für eine ‚fränkische' Herkunftsthese erbringt. Die Form *sāre* für sonstiges *sār*[265] ist auch bei Otfrid anzutreffen, wie man[266] längst bemerkt hat. Die Schreibung des Pronomens *her* (statt *er*) kann im Mittelfränkischen verbreitete Mischform aus *he* und *er*[267] sein, ist im Georgslied aber vor dem Hintergrund seiner zahlreichen *h*-Schreibungen zu sehen, so daß auch hier nichts Fränkisches vorzuliegen braucht.

Das Wort *hellihunt* (sic!), im Georgslied in der Schreibung *ehlle unht* (*hellehunt*) 116 vertreten[268], erscheint im Althochdeutschen sonst angeblich nur in einer aus Echternach stammenden Handschrift des 11. Jahrhunderts, in der in Geheimschrift (*hfllkhxnt*) *cerberus*[269] glossiert wird[270]. Tatsächlich kommt diese althochdeutsche Glosse auch noch in einer alemannischen Handschrift des 12. Jahrhunderts vor (*Cerberus hellihunt*), in einer Handschrift des 11./12. Jahrhunderts (*Cerberum hellihunt*), in einer wohl oberdeutschen Handschrift des 13. Jahrhunderts (*Hiena helliunt*)[271], also gerade auch im Oberdeutschen. Ein wortgeographisches Kriterium für die Lokalisierung des Georgsliedes ist also auch damit nicht zu gewinnen, zumal eine derartige Bildung (mit *hella* im Bestimmungswort) auch ohnehin im Oberdeutschen jederzeit möglich war, wie entsprechende Belege beispielsweise bei Notker[272] zeigen: *hellobodem, hellafuir, hellofreisa, hellepot, helle-gruoba, hellojovis, hellephorta, hellowart, hellewazer, hellewinna.* Im Mit-

[263] W. Haubrichs, Georgslied und Georgslegende im frühen Mittelalter, S. 150.
[264] W. Haubrichs, Georgslied und Georgslegende im frühen Mittelalter, S. 150.
[265] R. Schützeichel, Althochdeutsches Wörterbuch, S. 159.
[266] K. Siemers, PBB. 39 (1914) S. 114f.
[267] R. Schützeichel, Mundart, Urkundensprache und Schriftsprache, S. 103–110 (mit Belegen und weiterer Literatur.)
[268] Sieh: R. Schützeichel, Althochdeutsches Wörterbuch, S. 81.
[269] E. Steinmeyer – E. Sievers, Die althochdeutschen Glossen, II, S. 704 (23) (fehlerhaft); R. Bruch, Glossarium Epternacense, S. 80; zur Handschrift: A. Steffen, Publications de la section historique de l'institut G.-D. de Luxembourg 62 (1928) S. 413–419; R. Bergmann, Mittelfränkische Glossen, S. 107–129; R. Bergmann, Verzeichnis der althochdeutschen und altsächsischen Glossenhandschriften, S. 88f., Nr. 752; E. Steinmeyer – E. Sievers, Die althochdeutschen Glossen, IV, S. 596, Nr. 509.
[270] So: W. Haubrichs, Georgslied und Georgslegende im frühen Mittelalter, S. 150: ‚Das Wort *hellehunt* kommt im Ahd. nur noch in Echternacher Glossen vor'.
[271] E. Steinmeyer – E. Sievers, Die althochdeutschen Glossen, II, S. 686 (54); S. 74 (51); III, S. 695 (14); R. Bergmann, Verzeichnis der althochdeutschen und altsächsischen Glossenhandschriften, S. 99f., Nr. 849; S. 68, Nr. 572; S. 20, Nr. 151.
[272] R. Schützeichel, Althochdeutsches Wörterbuch, S. 80f.

telhochdeutschen[273] sind derartige Bildungen dann reich entfaltet. Hier sei nur auf einige Bezeichnungen für den Teufel hingewiesen: *hellebracke*, *hellegeist*, *hellegiege*, *hellegot*, *hellegouch*, *hellegräve*, *hellegrübel*, *hellegudel*, *hellehirte*, *hellejeger*, *helleknabe*, *hellekneht*, *hellekünec*, *hellemōr*, *helleohse*, *hellerabe*, *hellerigel*, *hellerise*, *helleritter*, *hellerüde*, *hellescherge*, *hellesmit*, *hellespiez*, *hellestorch*, *helletrache*, *hellewarc*, *hellewarte*, *hellewelf*, *hellewiht*, *hellewolf*, *hellewurm*. Das mag zur Veranschaulichung genügen. Der *hellehunt* mit einer beachtlichen Anzahl von Belegen[274] gehört auch in diese Reihe.

Auch *triso* 108 (statt *treso, dreso*[275]) soll als ,oberdeutsches‘ Argument wegfallen und also für das Mittelfränkische aussagen[276]. In einem rekonstruierten Text[277] erscheint dann aber erstaunlicherweise *treso* (sic!). Tatsächlich konnte die -*i*-haltige Form in der Glosse *trisecamara* für *erarium* ,Schatzkammer‘ in Köln für das 9. Jahrhundert festgestellt und für das Mittelfränkische gesichert werden. Die Untersuchung[278] zeigte zudem, daß sowohl die -*e*-haltige Form neben der -*i*-haltigen im Oberdeutschen vorkommt, wie auch die -*i*-haltige neben der -*e*-haltigen im Mitteldeutschen. Damit ist das ,fränkische‘ Argument aber stark relativiert. Die -*i*-haltige Form spricht lediglich nicht mehr gegen eine fränkische Herkunft, allein aber auch nicht dafür.

Größeres Gewicht für eine Lokalisierung des Georgsliedes im Fränkischen schien zunächst *shanc* 107 zu haben, da es in der im Georgslied angeblich vorliegenden Bedeutung *dos* ,Hochzeitsgeschenk‘, ,Mitgift‘, ,Schenkung‘ nur im Mittelfränkischen um Trier[279] bezeugt sei. Zunächst ist aber festzustellen, daß *shanc* im Georgslied keineswegs auf ,Mitgift‘[280] eingeengt oder festgelegt werden kann. Das Wort ist in seiner lexikalischen Bedeutung womöglich nur eine Variante des nachfolgenden *triso* 108 und bezeichnet wie dieses den ,Schatz‘, den die Königin austeilte oder spendete, und ist so auch, mit dem gebotenen Fragezeichen versehen, in ein althochdeutsches Wörterbuch[281] aufgenommen worden. Frühere Herausgeber des Georgsliedes[282] setzten statt *shanc* der Handschrift sogar *scaz* in den Text, was freilich nicht angängig ist. Es trifft aber die lexikalische Bedeutung. Doch ist *shanc* wohl

---

[273] M. Lexer, Mittelhochdeutsches Handwörterbuch, I, Sp. 1232–1239.

[274] M. Lexer, Mittelhochdeutsches Handwörterbuch, I, Sp. 1234.

[275] R. Schützeichel, Althochdeutsches Wörterbuch, S. 197: *treso, tresofaz, tresohūs*.

[276] W. Haubrichs, Georgslied und Georgslegende im frühen Mittelalter, S. 150.

[277] W. Haubrichs, Georgslied und Georgslegende im frühen Mittelalter, S. 373; W. Haubrichs, Die Kultur der Abtei Prüm zur Karolingerzeit, S. 133.

[278] N. Kruse, Die Kölner volkssprachige Überlieferung des 9. Jahrhunderts, S. 274–277 (mit den Nachweisen im einzelnen).

[279] W. Haubrichs, Georgslied und Georgslegende im frühen Mittelalter, S. 150.

[280] So: W. Haubrichs, Georgslied und Georgslegende im frühen Mittelalter, S. 373; W. Haubrichs, Die Kultur der Abtei Prüm zur Karolingerzeit, S. 134.

[281] R. Schützeichel, Althochdeutsches Wörterbuch, S. 168.

[282] E. v. Steinmeyer, Die kleineren althochdeutschen Sprachdenkmäler, S. 97 (54); W. Braune–K. Helm–E. A. Ebbinghaus, Althochdeutsches Lesebuch, S. 134 (Redaktion von F. Zarncke), 135 (Redaktion von R. Koegel).

selbständig zu beurteilen, und zwar als ablautende Nebenform zu as., ae. *sinc* ‚Schatz, Kostbarkeiten'[283]. Im Altnordischen vergleichen sich *søkk* ‚Gold, Schatz' und *senkt* (Partizip zu *senkja*) ‚mit Perlen oder Goldplatten geschmückt'[284]. Bemerkenswert ist got. *saggqs*[285], das nur an einer Stelle erscheint und den ‚Untergang (der Sonne)' und damit den ‚Abend', den ‚Westen' bezeichnet. Der Kern der lexikalischen Bedeutung liegt in ‚Sinken'. ‚Das, was versenkt wird', damit ein Feind es nicht entdecken kann, ist der ‚Schatz' oder allgemeiner der ‚Vorrat'. Tacitus spricht im 16. Kapitel der Germania[286] offensichtlich von verdeckten Vorratsgruben. Die schon älteren Hinweise[287] sollten also nicht leichthin beiseitegeschoben werden[288]. Im Georgslied ist mit der Bedeutung ‚Schatz', wenn nicht mit der allgemeineren Bedeutung ‚Vorrat' zu rechnen. Das fügte sich jedenfalls gut in den Zusammenhang des Textes ein. Für eine nähere Lokalisierung des Denkmals erbrächte das so verstandene Wort *shanc* keinen Anhaltspunkt.

Sollte sich hinter der Schreibung *shanc* ein für das Althochdeutsche erst anzusetzendes **scanc* verbergen[289], so wäre ebensowenig ein Argument für eine nähere Lokalisierung gewonnen. Das am angegebenen Ort zum Zeugen angerufene Rheinische Wörterbuch[290] verzeichnet vereinzeltes *Schank* (IV), das zu *schenken* gestellt wird und ‚Geschenk' (in Altenkirchen-Sörth) bedeutet oder den ‚Ausschank', den ein Bräutigam an einem Abend vor seiner Hochzeit den Männern (in Trier-Kommlingen) tätigt. Mit der Situation im Georgslied kann das kaum in Einklang gebracht werden. Im übrigen ist *schanc* ‚Geschenk' im Mittelhochdeutschen[291] gerade auch im Süden verbreitet, ebenso in der Neuzeit und in den Mundarten[292]. Für das Schwäbische ist auch der ‚Schank zwischen Ehegemächten', die ‚donatio inter virum et uxorem' bezeugt[293], was näher an das vermutete ‚Hochzeitsgeschenk' heranführte als der Umtrunk beim Bräutigam in Trier-Kommlingen. Wenn tatsächlich die Rückbildung *Schank* aus *schenken* im Georgslied vor-

---

[283] Grienberger, PBB. 47 (1923) S. 467; E. H. Sehrt, Vollständiges Wörterbuch zum Heliand und zur altsächsischen Genesis, S. 465 (mit den Textbelegen).

[284] J. de Vries, Altnordisches etymologisches Wörterbuch, S. 576, 471 (mit weiteren etymologischen Erörterungen).

[285] S. Feist, Vergleichendes Wörterbuch der gotischen Sprache, S. 403.

[286] R. Much, Die Germania des Tacitus, S. 245, 256–259 (mit Erläuterungen zur Stelle).

[287] Grienberger, PBB. 47 (1923) S. 467; F. H. Wood, Modern Philology 12 (1914/1915) S. 177.

[288] So: W. Haubrichs, Georgslied und Georgslegende im frühen Mittelalter, S. 129, Anmerkung 107.

[289] So: W. Haubrichs, Georgslied und Georgslegende im frühen Mittelalter, S. 129, Anmerkung 107; 150.

[290] VII, Sp. 912.

[291] M. Lexer, Mittelhochdeutsches Handwörterbuch, II, Sp. 655; G. F. Benecke – W. Müller – F. Zarncke, Mittelhochdeutsches Wörterbuch, II, 2, S. 81.

[292] Zum Beispiel: H. Fischer, Schwäbisches Wörterbuch, V, Sp. 687; Schweizerisches Idiotikon, VIII, Sp. 931. Sieh auch: J. Grimm – W. Grimm, Deutsches Wörterbuch, VIII, Sp. 2159 f.

[293] H. Fischer, Schwäbisches Wörterbuch, V, Sp. 687.

liegen sollte, so müßte doch all das gemeint sein, was der Königin jemals ge-
schenkt worden wäre, was ihr gehörte und was sie nun spenden oder austeilen konnte, falls nicht gar ein Ausschank von Wein oder dergleichen gemeint war, was aber wohl unwahrscheinlich ist. Schließlich wäre auch noch
an *Schank* für *Schrank* zu denken, vielleicht in der Bedeutung ‚Vorrats-
schrank‘ oder ‚Truhe, Schatztruhe‘, so daß *shanc spenton* metonymisch für
‚Vorrat austeilen‘ oder ‚Schatz austeilen‘ stünde. Im übrigen brauchen die
mit dem Wort *Schank* für *Schrank* verbundenen Probleme[294] hier nicht im
einzelnen erörtert zu werden. Sollte dieses Wort für das Georgslied in Frage
kommen, so erbrächte es jedenfalls keinen Hinweis auf die engere oder
weitere Heimat des Denkmals.

Insgesamt ist das Instrument der Wortgeographie für eine Lokalisierung
in diesem Falle unbrauchbar, wie sich im einzelnen gezeigt hat, so daß wir
jetzt an den Ausgangspunkt dieses ‚Exkurses‘ zurückkehren müssen.

Dem weiter oben erörterten ‚fränkischen‘ Argument aus *bet namon* schien
nämlich noch ein weiteres, diesmal enger ‚moselfränkisches‘ Argument bei-
zustehen. In einer eigenen Untersuchung[295] waren auch moselfränkische
Ortsnamen mit unverschobenem -*k*- behandelt und als Zeugnisse lange
durchstehenden Romanentums angesehen worden. Insbesondere schien die
Annahme[296] zwingend, ‚daß im trierisch-luxemburgischen Raum ein von
galloromanischer Restbevölkerung lange gehaltenes und von ihr sicher stark
geprägtes Reliktgebiet in Erscheinung tritt, in dem alte Ortsnamen unverschoben überdauern konnten‘. Die ‚Erscheinung des unverschobenen *k* im
romanisch durchsetzten Moselraum‘ sollte, zunächst in aller Behutsamkeit
gesagt[297], weiterführen, so daß schließlich der Weg zu einem ‚fränkischen
Ansatz‘ wieder offen zu sein schien, ‚freilich nicht gerade ins Rheinfränkische, sondern eher ins Moselfränkische oder Lothringische‘.

Was zunächst nur eine ‚Wegweisung‘ sein sollte, von der man nicht sicher
wußte, ob sie zum Ziele führte, wurde sodann für die weiter oben[298] schon
erwähnte ‚Prümer Herkunftsthese‘ sozusagen als Beweismittel in Anspruch
genommen[299] und weiter ausgebaut. Mit der Übernahme dieser ‚Wegweisung‘, nämlich des Hinweises auf die unverschobenen -*k*- in mosel-
ländischen Siedlungsnamen, wurde aber auch der darin implizit enthaltene

---

[294] F. Kluge, Etymologisches Wörterbuch der deutschen Sprache, S. 634f. (mit weiterer
Literatur); J. Grimm – W. Grimm, Deutsches Wörterbuch, VIII, Sp. 2160 (mit Belegen aus
den verschiedensten Gegenden); G. F. Benecke – W. Müller - F. Zarncke, Mittelhochdeutsches
Wörterbuch, II, 2, S. 81; M. Lexer, Mittelhochdeutsches Handwörterbuch, II, Sp. 785; H.
Fischer, Schwäbisches Wörterbuch, V, Sp. 687. Sieh auch: G. Bauer, Die Flurnamen der
Stadt Saarbrücken, S. 241f. (Flurnamen mit dem Bestimmungswort *Schank*, zu mhd.
schranc, schanc ‚Einfriedigung, ein- und abgeschlossener Raum, Schrank‘ gestellt. Man
vergleiche damit: W. Haubrichs, Georgslied und Georgslegende im frühen Mittelalter,
S. 150 und Anmerkung 220).
[295] R. Schützeichel, Die Grundlagen des westlichen Mitteldeutschen, S. 218–227.
[296] R. Schützeichel, Die Grundlagen des westlichen Mitteldeutschen, S. 223.
[297] H. de Boor, Festschrift Josef Quint, S. 81.
[298] Abschnitt III, 3.
[299] W. Haubrichs, Georgslied und Georgslegende im frühen Mittelalter, S. 57f., 383, 401.

Trugschluß übernommen, daß diese unverschobenen -k- mit den anscheinend unverschobenen -k- des Georgsliedes direkt vergleichbar wären. In Wahrheit sind die betreffenden Siedlungsnamen in ihrer ‚unverschobenen‘ Form, wie schon gesagt, Indiz für dort lange durchstehendes Romanentum. Das bedeutet aber, daß die Romanen das sie womöglich schon lange umgebende Fränkische erst dann übernommen haben, als die Lautverschiebung, und zwar mit Einschluß der Verschiebung des postvokalischen -k-, bereits voll durchgeführt war. Hierbei kann auf Parallelen im Alpenraum und entsprechende parallele Beurteilung[300] hingewiesen werden. Das Fränkische, genauer das Mittelfränkische, wurde von den Moselromanen natürlich so übernommen, wie es zum Zeitpunkt der Übernahme war, das heißt, mit der durchgeführten Lautverschiebung in ihrer mittelfränkischen Ausprägung. Das bedeutet Verschiebung von germ. t in allen Stellungen (außer in Kleinwörtern vom Typus *dad*, deren $d<t$ aus der Tenuisreihe ausgeschert war), weiterhin Verschiebung von postvokalischem germ. p (außer in *up*, das in dieser Landschaft besondere Beurteilung verlangt), schließlich Verschiebung von postvokalischem germ. k (außer in später von Norden her eingewanderten Wörtern). Die Einzelheiten brauchen hier nicht erneut ausgebreitet zu werden. An einem hohen Alter der zweiten Lautverschiebung im Mittelfränkischen ist im Ernst nicht mehr zu zweifeln. Gerade für k finden sich mögliche Reflexe der Verschiebung schon auf einem Kölner Grabstein des 6./7. Jahrhunderts[301].

Es ist mithin alles in allem keine Situation erkennbar, in die der eigenartige Befund des Georgsliedes bei Annahme einer Prümer Herkunft hineinpaßte. Die Erfindung einer so nicht nachweisbaren ‚soziolektalen‘ Aufsplitterung des Befundes, daß nämlich das ‚unverschobene‘ -k- Reflex einer ‚nichtverschiebenden‘ ‚Mittelschicht‘ oder ‚Unterschicht‘ sei, während beispielsweise ‚verschobenes‘ *daz* einer aristokratischen entstamme, wird dem Stand der Erforschung der Lautverschiebung nicht gerecht und offenbart noch zusätzlich die ganze Künstlichkeit der ‚Prümer Hypothese‘[302]. Es ist müßig, die in diesem Zusammenhang gemachten Äußerungen zur Durch-

---

[300] P. Zinsli, Namenforschung, S. 343–353 (mit zahlreichen Beispielen aus dem Berner Oberland).

[301] R. Schützeichel, Die Grundlagen des westlichen Mitteldeutschen, S. 414f.; R. Schützeichel, ZDL. 46 (1979) S. 229.

[302] Man vergleiche: W. Haubrichs, Georgslied und Georgslegende im frühen Mittelalter, S. 383/385: ‚Die Orthographie des *GL* hat die Lautverschiebungsfälle systematisch geregelt: /k/ ist immer unverschoben, /p/ und /t/ dagegen immer verschoben — auch in *up* und *dat*. Das ist in dieser Systematik sicherlich ein individueller Zug des Autors bzw. Schreibers, andererseits ist die bewußte Ausschaltung der mittelfränkisch unverschobenen Reliktwörter doch auch eine Reaktion auf die für seine regionale Mundart sicher anzunehmenden Schwankungen zwischen verschiebender Hochsprache und nicht verschiebender Umgangssprache. Mit anderen Worten: die Regelung zeigt, daß zwar eine klösterliche Ausgleichssprache als Grundlage des phonologischen Systems in *GL* nicht auszuschließen ist, ihre Systematisierung aber das bewußte Zielen auf einen Kreis von Rezipienten verrät, der soziologisch unterhalb der führenden fränkischen Schichten der Aristokratie angesiedelt werden muß‘.

führung der Lautverschiebung im Mittelfränkischen[303] hier im einzelnen
zu analysieren, da sie insgesamt auf älteren Auffassungen beruhen, die
widerlegt sind[304].

Bei einem angeblich Prümer Text sollte man einen Vergleich und im
Ergebnis Ähnlichkeit oder annähernde Übereinstimmung mit Trierer alt-
hochdeutschen Texten erwarten dürfen, mit dem Trierer Capitulare, den
Trierer Versen wider den Teufel, dem Trierer Pferdesegen, dem Trierer
Spruch[305], sodann etwa mit den Pariser Gesprächen[306], auch wenn sie sich
nicht genauer lokalisieren[307] lassen.

Mit der unumgänglichen Ablehnung der Hypothese Prümer Herkunft
des Georgsliedes sind die eigenartigen -k-Schreibungen aber nicht schon wie
von selbst erklärt. Die Möglichkeit der Substitution des velaren Reibelauts
durch -k- in der Feder eines romanischen Schreibers ist weiter oben schon
erwogen worden.

Man könnte auch an Verlesung von k aus paläographisch ähnlichem h
denken, was dann aber relativ oft erfolgt sein müßte, hin und wieder aber
wohl in Betracht zu ziehen ist. Schließlich ist mit einer viel näher liegenden
Möglichkeit zu rechnen, die schon früh gesehen[308], von der germanistischen
Forschung aber kaum beachtet worden ist.

Für den zu erwartenden velaren Reibelaut wird im Georgslied nämlich
keineswegs immer k geschrieben. Vielmehr steht für das Pronomen ih die
Schreibung ihk 54, 63, 65, 83, (83), also an vier oder fünf Stellen. Dazu
kommen shegih 18[309] und ih 95, wo k überhaupt fehlt. Das Pronomen sih
erscheint ebenfalls an fünf Stellen, und zwar immer als sihk 55, 66, 67, 84,
88. Schließlich ist diese Schreibung auch noch in mihkil 78, 81 anzutreffen,
neben mikilemo 2, 4.

Die so häufig auftretende Graphie hk verdient es in der Tat, ernst genommen zu werden. Sie ist in der Glossenüberlieferung nicht ganz unge-

---

[303] W. Haubrichs, Georgslied und Georgslegende im frühen Mittelalter, passim.

[304] Sieh zuletzt: R. Schützeichel, Die Grundlagen des westlichen Mitteldeutschen; R.
Schützeichel, ZDL. 46 (1979) S. 205–230; R. Bergmann, Sprachwissenschaft 5 (1980) S. 1–14;
F. Simmler, Graphematisch-phonematische Studien zum althochdeutschen Konsonan-
tismus insbesondere zur zweiten Lautverschiebung.

[305] H. Tiefenbach, RhVB. 39 (1975) S. 272–310 (Trierer Capitulare); R. Schützeichel,
Textgebundenheit, S. 68–76 (Trierer Verse wider den Teufel); E. v. Steinmeyer, Die klei-
neren althochdeutschen Sprachdenkmäler, S. 367, Nr. LXIII (Trierer Pferdesegen); S. 400,
Nr. LXXXI (Trierer Spruch). Sieh zu diesen Denkmälern und zu der teilweise von E. v.
Steinmeyer abweichenden Benennung: R. Schützeichel, Althochdeutsches Wörterbuch,
S. XXIVf.

[306] J. A. Huisman, Die Pariser Gespräche, RhVB. 33 (1969) S. 272–296.

[307] R. Schützeichel, Die Grundlagen des westlichen Mitteldeutschen, S. 123: ‚Dem Romanischen unmittelbar benachbarte Grenzlandschaften des Mittelfränkischen, womöglich
auch des Niederfränkischen, kommen als Entstehungsgebiet in Frage. E. Martins Annahme
einer lothringischen Herkunft hat gleichwohl manches für sich‘.

[308] J. K. Bostock, Medium Aevum 5 (1936) S. 189–198, insbesondere: S. 193f.

[309] Zur Erklärung der betreffenden Stelle: G. Ehrismann, Germania. Vierteljahrsschrift
für deutsche Alterthumskunde 37 (1892) S. 107f.

wöhnlich. Auszugehen ist von der Schreibung *kh*, die den Versuch dar-
stellt, den frikativen Velar wiederzugeben, analog dem später sich durch-
setzenden *ch*, analog auch *ph* für *f* (aus germ. *-p-*)[310]. Die Schreibung *kh*
findet sich in einer Reihe mittelfränkischer Glossenhandschriften[311], die
zumeist aus Echternach und Trier stammen, im Trierer Capitulare (*vuiz-
zethallikhen*)[312] und im Gedicht De Heinrico (*sprakha = sprahha* ‚Bera-
tung')[313], dessen genauere Herkunft sich nicht leichthin bestimmen läßt.

Dieser erste Überblick könnte so etwas wie ein ‚mittelfränkisches' Indiz
für die Frage der Herkunft des Georgsliedes abgeben, zumal sich in einer aus
Echternach stammenden Handschrift auch die Schreibung *hk* (statt *kh* für
hh) in *bisprehkan* ‚besprechen'[314] findet. Doch ist *kh* auch im Süden anzutreffen, so dreimal bei Otfrid (*gisuikhit, bisuikhit, bisuikhe*[315]), und zwar
in der Wiener Handschrift, während die Freisinger Handschrift in allen drei
Fällen das korrigierte *ch* hat, der Palatinus in den ersten beiden Fällen ebenfalls. Bemerkenswert sind auch Beispiele aus dem Abrogans (*pisprekhendi,
sprikhit, prukhumes, stekhom*), die in der St. Galler Handschrift[316] überliefert sind. In dieser Handschrift[317] findet sich dann auch die Umstellung *hk*
in *sohken*. Aus dieser Verteilung der *kh-/hk*-Schreibungen zwischen dem
Trierer Raum und dem Bodenseegebiet ist ein Indiz für eine nähere Herkunftsbestimmung des Georgsliedes mithin nicht zu gewinnen.

Doch erleichtern die Parallelen aus Glossenüberlieferungen und literarischen Denkmälern das Verständnis der entsprechenden Schreibungen des
Georgsliedes. Sie zeigen, daß *hk* das Lautverschiebungsprodukt bezeichnet
und keineswegs unverschobenes *-k-* wiedergibt. Vereinzelt auftretendes *h* in
entsprechender Position (*shegih, ih*) ist demnach unvollständige Schreibung
für *hk*. Schließlich wird auch *k* (wie in *mikilemo* neben *mihkil*) unvollständige Schreibung für *hk* sein (*sprekenten* 36, *praken* 64). Gleiches gilt

---

[310] R. Schützeichel, ZDA. 93 (1964) S. 24; F. Kauffmann, Germania 37 (1892) S. 257–261
(über *kh* für *ch*, etymologisch *k*, und so weiter); R. Bergmann, Mittelfränkische Glossen,
S. 103.

[311] R. Bergmann, Mittelfränkische Glossen, S. 103, 126, 137, 157; R. Schützeichel, ZDA.
93 (1964) S. 24; I. Frank, Die althochdeutschen Glossen der Handschrift Leipzig Rep. II. 6,
S. 136, 193, 206, 212.

[312] H. Tiefenbach, RhVB. 39 (1975) S. 300; R. Schützeichel, Althochdeutsches Wörterbuch, S. 240.

[313] R. Schützeichel, Festschrift für Ingeborg Schröbler zum 65. Geburtstag, S. 37 (mit
weiteren Literaturangaben zu diesem Denkmal); R. Schützeichel, Althochdeutsches Wörterbuch, S. 179.

[314] R. Bergmann, Mittelfränkische Glossen, S. 103.

[315] P. Piper, Otfrids Evangelienbuch, II, S. 461 f.; J. Kelle, Otfrids von Weissenburg Evangelienbuch. Text und Einleitung, Text S. 377, 381 (V. 23, 156; 260).

[316] B. Bischoff – J. Duft – St. Sonderegger, Das älteste deutsche Buch. Die ‚Abrogans'-
Handschrift der Stiftsbibliothek St. Gallen, S. 98, 122, 130, 170; Kommentar S. 200, 215,
219, 240; E. Steinmeyer – E. Sievers, Die althochdeutschen Glossen, I, S. 113, 141, 151, 197.

[317] B. Bischoff – J. Duft – St. Sonderegger, Das älteste deutsche Buch. Die ‚Abrogans'-
Handschrift der Stiftsbibliothek St. Gallen, S. 152; Kommentar S. 231; E. Steinmeyer – E.
Sievers, Die althochdeutschen Glossen, I, S. 179.

für *ceiken* 31, zumal daneben *zehiken* 42 erscheint, bei dem das *h* vorgerückt ist, was bei den häufigen Buchstabenumstellungen dieses Denkmals nicht weiter verwundert. Entsprechend sind *(-)rhike* 9, 59 aufzufassen, während *rike* 44 daneben unvollständige Schreibung zeigt. In *sprecken* 93 wird jedenfalls Verschreibung vorliegen (*ck* für *hk*[318]).

Unvollständige Schreibungen dieser Art sind in der althochdeutschen Überlieferung bis hin zur Reichenau auch sonst bezeugt[319]. Mit dieser Erscheinung ist also ohnehin zu rechnen. Sie kann auch nicht, wenn unbequem, vordergründigem Geschmacksurteil[320] geopfert werden. Im Georgslied ist sie erst recht nicht von der Hand zu weisen.

Die Schreibung *hk* (als Umstellung von *kh*), wie sie im Georgslied anzutreffen ist, vergleicht sich überdies *hc* (als Umstellung von *ch*). Die *hc*-Schreibung begegnet sehr häufig, in mittelfränkischen Glossenhandschriften[321], im Trierer Pferdesegen (*ihc*)[322], in rheinischen Ortsnamen[323], aber auch in bairischen und alemannischen althochdeutschen Denkmälern mit Einschluß des Reichenauer Verbrüderungsbuches[324]. Die Schreibung *hk* des Georgsliedes und anderer Denkmäler ist, wie gesagt, nicht anders zu beurteilen. Unterbliebene Lautverschiebung ist im Georgslied nicht anzunehmen. Das braucht einer These mittelfränkischer Herkunft nicht zu widersprechen. Das steht aber auch einer aus anderen Gründen naheliegenden und wahrscheinlichen alemannischen Herkunft des Denkmals nicht im Wege.

---

[318] Anders: J. K. Bostock, Medium Aevum 5 (1936) S. 193: Vergessenes *h* und Addition von *c* und *k*, was natürlich auch Verschreibung ist.

[319] W. Braune – H.Eggers, Althochdeutsche Grammatik, § 145, Anmerkung 4, S. 136 (mit weiteren Literaturangaben); J. Franck – R. Schützeichel, Altfränkische Grammatik, § 117, 3, S. 155f., 323f. (mit weiterer Literatur); R. Bergmann, Mittelfränkische Glossen, S. 126 (mit weiterer Literatur), 137, 165, 177f., 190, 202, 217, 229, 237, 285, 293, 320 (*c* statt *ch*); S. 103, 128 (*k* statt *kh*); Th. Stührenberg, Die althochdeutschen Prudentiusglossen der Handschrift Düsseldorf F 1, S. 97 und Anmerkung 208 (mit weiteren Literaturangaben); D. Geuenich, Das Verbrüderungsbuch der Abtei Reichenau, zum Beispiel: S. 142 (*Ricpold, Ricprhic, Ricpric, Ricberht, Ricbertus, Ricbret, Ricpert, Ricpret*), 143 (*Ricbruc, Ricfrit, Ricger, Ricker, Riccauio, Ricmerius*), 144 (*Ricsintus, Riuuâr, Ricuuic*) (und andere mehr).

[320] W. Haubrichs, Georgslied und Georgslegende im frühen Mittelalter, S. 133, Anmerkung 127: ,... scheint mir zu viele Fälle ... als unvollkommene Schreibung ... zu deuten'.

[321] J. Franck – R. Schützeichel, Altfränkische Grammatik, § 117, 3, S. 155; H. Tiefenbach, RhVB. 39 (1975) S. 300; I. Frank, Die althochdeutschen Glossen der Handschrift Leipzig Rep. II. 6, S. 136.

[322] E. v. Steinmeyer, Die kleineren althochdeutschen Sprachdenkmäler, LXIII, S. 367; R. Schützeichel, Althochdeutsches Wörterbuch, S. XXV (TS.), 89 (zu *ih*).

[323] J. Wirtz, Die Verschiebung der germ. *p*, *t* und *k* in den vor dem Jahre 1200 überlieferten Ortsnamen der Rheinlande, S. 169.

[324] W. Braune – H. Eggers, Althochdeutsche Grammatik, § 145, Anmerkung 4, 5, S. 136; sieh auch: § 154, Anmerkung 4, S. 147 (*hc* für germ. *h*); J. K. Bostock, Medium Aevum 5 (1936) S. 193; D. Geuenich, Das Verbrüderungsbuch der Abtei Reichenau, zum Beispiel: S. 142 (*Rihcpiric, Rihcbertus, Rihcbret, Rihcpreht, Rihcpret*), 143 (*Rihcpoto, Rihcger, Rihcker, Rihcgoz, Rihchart, Rihcharius, Rihchere, Rihchilt*), 144 (*Rihcuuic, Rihcolf*) (und andere mehr).

5. Graphische Besonderheiten

Schon die eigentümliche Häufung der *h*-Zeichen im Georgslied ist eine graphische Besonderheit, in gewissem Sinne auch die *hk*-Schreibung, wenigstens im Vergleich mit den sonst häufiger anzutreffenden Schreibungen *kh*, *ch*, *hc*, *hh* (und so weiter). Doch läßt sich in diesen und in andern Fällen die Frage nach dem gemeinten Lautwert und den zugrundeliegenden mundartlichen Gegebenheiten durchaus sinnvoll stellen und mit den gebotenen Einschränkungen auch beantworten. Hier ist das Augenmerk aber noch auf andersartige Graphien zu lenken, die weitgehend losgelöst vom Lautlichen existieren und besondere Beachtung verlangen. Das sind Suspension und Konsonantenumstellung.

Schon die Auslassung einzelner Buchstaben im Wortinnern könnte die Neigung zur abkürzenden Kontraktion verraten, wie beispielsweise das fehlende *n* in *magihe* 40 (mit übergeschriebenem *c* am Schluß) oder die weiter oben schon behandelte unvollständige Schreibung *k* für *kh*. Doch ist hierbei angesichts des Gesamtzustandes der Niederschrift und der Uneinheitlichkeit der Durchführung wohl eher an Schreibernachlässigkeit beziehungsweise Unvollständigkeit der Korrektur, die ja ansatzweise versucht worden ist, zu denken. Fehlendes *t* am Wortende wie in *kenerier* 28, *prediio her* 56, *pegon her* 102 paßte vielleicht eher in diesen Zusammenhang, wiewohl es gern als ‚offenbarer Fehler‘[325] angesehen wird, zumal fehlendes *t* an anderen Stellen nachgetragen ist (*met* 25, *dhet* 36).

Auffälliger ist der Wegfall des *g* bei *ng*, nämlich in *thin* 7 (statt *thing*) und zweimal bei *psanr* 41, 89 (statt *spran* = *sprang*). Im letztgenannten Fall spielt die Buchstabenumstellung sehr stark mit hinein. Die Suspension des *g* an diesen drei Stellen läßt *n* wie eine unvollständige Schreibung für *ng* erscheinen. Womöglich war *n* in dieser Stellung Zeichen für den velaren Nasal, was wieder Überlegungen zum Lautwert des sonst palatalen *n* zuließe. Wichtiger ist aber, daß sich gerade für diese Schreibung interessante Parallelen beibringen lassen, die zeigen, daß es sich um einen landschaftlich gebundenen Usus handelt, der sich zu festigen begonnen hatte, dann aber wieder aufgegeben wurde. So hat die als ‚älterer‘ Physiologus bezeichnete alemannische *Reda umbe diu tier*[326], in einer Wiener Handschrift des 11. Jahrhunderts überliefert, an nicht weniger als neun Stellen Suspension des *g* in *ng* (so wie in zwei Fällen Suspension des *d* in *nd*: *un* statt *und*; *dorstun er* statt *do erstuond er*), und zwar im einzelnen: *geuanen* (statt *gevangen*), *sprinet* (statt *springet*), *sinen* (statt *singen*), *zûnon* (statt *zungon*), *beginen*

---

[325] So: G. Ehrismann, Geschichte der deutschen Literatur bis zum Ausgang des Mittelalters, I, S. 223.

[326] E. v. Steinmeyer, Die kleineren althochdeutschen Sprachdenkmäler, XXVII, S. 124–134, hier: S. 126, 38, 40 (*spinet* für *sprinet*), 50; 127, 57 (*sinen*), 58, 64; 128, 68, 79 (*geruma* statt *geruna*); 129, 87; 124, 14 (und öfter: *un* statt sonstigem *unde*); 125, 34f. (*dorstun er*).

(statt *begiengen*), *geruna* (statt *gerunga*)[327], neben sonst gelegentlich verwendeter *ng*-Schreibung (zum Beispiel in *furebringit, iungîde, iungét*[328]). Das entspricht der Lage im Georgslied, wie *dinge 6* zeigt.

Die Erscheinung war weiter verbreitet, wie einige Beispiele aus früheren bairischen Glossenhandschriften veranschaulichen können. So hat der Clm. 19417[329], eine Tegernseer Handschrift des 9. Jahrhunderts, die Schreibung *antfenik* (statt *antfengik*)[330]. Im Clm. 6277[331], einer Freisinger Handschrift des 9. Jahrhunderts, finden sich: *zurganlihiu* (statt *zurgang-* oder *zurganc-*), *lihisuna* (statt *lihisunga*), *peziruno* (statt *pezirungo*), *prinit* (statt *pringit*), *prunan* (statt *prungan*), *gidiuna* (statt *giduinga*)[332]. Der Clm. 18036[333], eine Tegernseer Handschrift des 9. Jahrhunderts, mit Glossen von einer Hand des 10. Jahrhunderts, hat *gidvin*[334]. Die Beispiele beruhen nicht auf einer vollständigen systematischen Durchsicht des Glossenmaterials. Sie zeigen aber einen frühen südlichen Geltungsbereich dieser Graphie.

Suspension der verschiedensten Art ist bei althochdeutschen Glossen weit verbreitet und schon im achten und frühen neunten Jahrhundert in alemannischen (aus St. Gallen und von der Reichenau stammenden), bairischen und ostfränkischen Handschriften anzutreffen. Um einer vor dem Abschluß stehenden Untersuchung nicht vorzugreifen, werden hier nur diese summarischen Hinweise[335] gegeben, die im angedeuteten Zusammenhang aber auch wohl genügen.

Auffällig sind die Buchstabenumstellungen im Georgslied, die keineswegs auf Willkür beruhen werden, wiewohl auch Abschreibefehler in Rechnung zu stellen sind. Aber anlautend zu erwartendes *h* ist zumeist nachgestellt.

---

[327] Nicht ganz genau: W. Braune – H. Eggers, Althochdeutsche Grammatik, § 128, Anmerkung 3.

[328] E. v. Steinmeyer, Die kleineren althochdeutschen Sprachdenkmäler, S. 125,21; 131, 117, 126.

[329] Zu dieser Handschrift weiterführende Angaben bei: R. Bergmann, Verzeichnis der althochdeutschen und altsächsischen Glossenhandschriften, Nr. 663, S. 78; E. Steinmeyer – E. Sievers, Die althochdeutschen Glossen, IV, 446, S. 569f.

[330] E. Steinmeyer – E. Sievers, Die althochdeutschen Glossen, II, S. 104, 21.

[331] Zur Handschrift: R. Bergmann, Verzeichnis der althochdeutschen und altsächsischen Glossenhandschriften, Nr. 518, S. 63; E. Steinmeyer – E. Sievers, Die althochdeutschen Glossen, IV, 345, S. 525.

[332] E. Steinmeyer – E. Sievers, Die althochdeutschen Glossen, II, S. 190, 65; 168, 6; 168, 38; 169, 32; 169, 33; 169, 66. — J. Schatz, Altbairische Grammatik, § 86, S. 92. — Falsche, unvollständige und daher irreführende Angaben bei: W. Braune – H. Eggers, Althochdeutsche Grammatik, § 128, Anmerkung 3, S. 119.

[333] Zur Handschrift: R. Bergmann, Verzeichnis der althochdeutschen und altsächsischen Glossenhandschriften, Nr. 633, S. 74; E. Steinmeyer – E. Sievers, Die althochdeutschen Glossen, IV, 427, S. 561.

[334] E. Steinmeyer – E. Sievers, Die althochdeutschen Glossen, I, S. 579, 25.

[335] R. Bergmann, Verzeichnis der althochdeutschen und altsächsischen Glossenhandschriften, Nr. 179, S. 24; Nr. 777, S. 92; Nr. 477, S. 59; Nr. 992, S. 118 (jeweils mit weiteren Angaben); E. Steinmeyer – E. Sievers, Die althochdeutschen Glossen, IV, 154, S. 442; I, S. 765; IV, 519, S. 600; I, S. 729; V, 706, S. 64f.; H. Mayer, Althochdeutsche Glossen: Nachträge, S. 50–68, insbesondere 57–64; J. Hofmann, PBB. 85 (Halle 1963) S. 74f.

Die bereits erwähnte Schreibung *psanr* erscheint gleich zweimal genau gleich, was nicht auf Willkür oder Versehen beruhen dürfte. Auf Versehen wird auch nicht die weiter oben schon behandelte *hk*-Schreibung für *kh* zurückzuführen sein. Alles in allem ist die Buchstabenumstellung also doch wohl ernst zu nehmen, und zwar schon für die Vorlage unserer Überlieferung, der mithin solche graphischen Besonderheiten gerade nicht wegkorrigiert[336] werden dürfen. Längst ist auch darauf aufmerksam gemacht worden[337], daß ,Grundzüge der Orthographie' des Georgsliedes in Murbacher Hymnen[338] und Murbacher Glossen[339] anzutreffen sind, die von der Reichenau kommen und/oder in Verbindung mit der Reichenau gesehen werden müssen. Diese Parallelen, die schon aus dem frühen 9. Jahrhundert stammen, müssen hier erneut herausgehoben werden. Ihre Wichtigkeit besteht auch darin, daß sie im eigentlichen Sinne äußere Kennzeichen des Georgsliedes betreffen, die für spekulative Bemühungen nicht so recht zugänglich sind. Hier ist zunächst an ,unorganisches' *h* zu denken, das vor silbenanlautenden Vokalen auftritt, zum Beispiel: *hantheizzom, hensti, heitar, hera, herda, hafter, hehtim, hupilo* (und so weiter), ferner: *hahtonter, arhaughit, hahsala* (und so weiter)[340]. Die Glossen zeigen auch Umstellung des *h*, wie sie im Georgslied relativ konsequent durchgeführt worden ist, so etwa: *ahngo* (statt *ango*), *nomher* (statt *nohmer*), *framdhit* (statt *framdiht*), wobei also nicht sogleich mit Verschreibung zu rechnen ist[341], ferner: *trhato* (statt *thrato*), *healt* (statt *ehalt*), *hatunga* (statt *ahtunga*)[342]. Aus den sonstigen direkten und indirekten Parallelen sei noch hiatustilgendes *h* der Hymnen[343] hervorgehoben: *kafrehtohem, hohubit-, apastohem*. Bemerkenswert sind auch *hc* (neben *ch*) in *duruhc, farlihc, rihces* und die unvollständige Schreibung *c* (statt *ch* oder *hc*) in *noc* (statt *noch*) und *duruc*[344], und zwar angesichts der parallelen *hk* und *k* vergleichbarer Stellung im Georgslied.

---

[336] So: W. Haubrichs, Georgslied und Georgslegende im frühen Mittelalter, S. 95–111; insbesondere: S. 104–108 (,Korrigiertes Lexikon'); 110f. (,Korrigierter Text').

[337] G. Ehrismann, Geschichte der deutschen Literatur bis zum Ausgang des Mittelalters, I, S. 223f.

[338] Zu den Hymnen: E. Sievers-E. Sch. Firchow, Die Murbacher Hymnen, S. IXf.; B. Bischoff, FMSt. 5 (1971) S. 107f., 134; R. Schützeichel, Althochdeutsches Wörterbuch, S. XIXf. (MH.) (jeweils mit weiteren Angaben).

[339] Zu den Glossen: R. Bergmann, Verzeichnis der althochdeutschen und altsächsischen Glossenhandschriften, Nr. 725, S. 84f. (mit weiteren Angaben); B. Bischoff, FMSt. 5 (1971) S. 107; B. Schindling, Die Murbacher Glossen; K. Matzel, Untersuchungen zur Verfasserschaft, Sprache und Herkunft der althochdeutschen Übersetzungen der Isidor-Sippe, S. 100–133 (mit reicher Dokumentation).

[340] E. Sievers-E. Sch. Firchow, Die Murbacher Hymnen, S. 18 (mit weiteren Beispielen aus den Hymnen und aus den Glossen); B. Schindling, Die Murbacher Glossen, S. 72; G. Ehrismann, Geschichte der deutschen Literatur bis zum Ausgang des Mittelalters, I, S. 223.

[341] So: B. Schindling, Die Murbacher Glossen, S. 74.

[342] B. Schindling, Die Murbacher Glossen, S. 51, 72; G. Ehrismann, Geschichte der deutschen Literatur bis zum Ausgang des Mittelalters, I, S. 223f.

[343] E. Sievers-E. Sch. Firchow, Die Murbacher Hymnen, S. 19.

[344] E. Sievers-E. Sch. Firchow, Die Murbacher Hymnen, S. 19, 16.

Wie sehr die Buchstabenumstellung als ernstzunehmende Schreibweise anzusehen ist, offenbart auch ein Blick in das Reichenauer Verbrüderungsbuch. Hier ist zunächst an die weiter oben[345] schon vorgeführten Beispiele für die häufig anzutreffende Umstellung *hc* für *ch* in diesem Verbrüderungsbuch zu erinnern. Es sind aber auch kompliziertere Umstellungen zu bemerken, von denen hier einige wenige als Beispiele genannt werden, ohne daß eine genauere Datierung und Beurteilung im einzelnen erfolgte: *Amalprhet* (statt *-preht*), *Perecarht* (statt *-hart*), *Perehtihlt* (statt *-hilt*), *Pernarht* (statt *-hart*), *Piligrat* (statt *-gart*), *Tagebrhet* (statt *-breht*), *Irimbrug* (statt *-burg*), *Czopret* (statt *Cozpert*), *Chirimihlt* (statt *-hilt*), *Hilteprug* (statt *-purg*), *Ricprhic* (statt *Richpirc*), *Uuandalpruc* (statt *-purc*)[346] und viele andere. Eine eingehendere Untersuchung der Konsonantenumstellung in dieser Quelle steht noch aus[347].

Das Reichenauer Verbrüderungsbuch hat an zahlreichen Stellen auch den Namen *Hilteburc* mit insgesamt vielen Varianten[348]. In einigen Fällen könnte Personengleichheit vorliegen und die Identifizierung mit einer adligen Dame, die Anfang des 10. Jahrhunderts noch lebte und zusammen mit einem *Winidhere* als Stifter der Sylvesterkapelle Goldbach am Bodensee, die von der Reichenau mit Reliquien bedacht worden war, angesehen wird[349]. In den Malereien von Goldbach, die in der ersten Hälfte des 10. Jahrhunderts entstanden sein werden, findet sich in den Resten der Darstellung einer Dedikationsszene ein Bildfragment mit *Martinus* und *Hilteburc*[350]. Der Name der Dame ist in Großbuchstaben untereinander geschrieben:

I
H
L
E
P
U
R
[C]

---

[345] Unter: III. 4. Zur sprachlichen Herkunftsbestimmung.

[346] D. Geuenich, Das Verbrüderungsbuch der Abtei Reichenau, S. 40, 59, 60, 62, 63, 67, 87, 92, 105, 142, 167.

[347] Zu den anlegenden Händen (und so weiter) sieh die Beschreibung des Codex: J. Autenrieth, Das Verbrüderungsbuch der Abtei Reichenau, S. XV–XL.

[348] D. Geuenich, Das Verbrüderungsbuch der Abtei Reichenau, S. 105.

[349] J. und K. Hecht, Die frühmittelalterliche Wandmalerei des Bodenseegebietes, 1, S. 37 f., 63, Anmerkung 6.

[350] J. und K. Hecht, Die frühmittelalterliche Wandmalerei des Bodenseegebietes, 1, S. 48 f.; 2, S. 402, Abbildung 63; S. 401, Abbildung 62; K. Künstle, Die Kunst des Klosters Reichenau im IX. und X. Jahrhundert und der neuentdeckte karolingische Gemäldezyklus zu Goldbach bei Überlingen, S. 54 f. und Bild 29, S. 55.

Das am Schluß zu vermutende C ist kaum zu erkennen. Die Buchstabenumstellung aber ist eindeutig und steht hier an hervorragender Stelle in
einem Kirchenraum. An eine bloße Verschreibung ist nicht zu denken. Alles
in allem weist also auch die Buchstabenumstellung auf die Reichenau und
den weiteren Raum des Bodenseegebietes. Sie ist dort jedenfalls nicht fremd
und unübersehbar vertreten.

Die Umstellungen im Georgslied sind von daher im Prinzip ebenfalls als
bewußte Schreibungen anzusehen, die dem ursprünglichen Schriftbild des
Denkmals angehören werden. So mutet der Text ein wenig wie verschlüs-
selt an, wiewohl eine Geheimschrift im eigentlichen Sinne natürlich nicht
vorliegt[351].

---

[351] H. de Boor, Die deutsche Literatur von Karl dem Großen bis zum Beginn der höfischen Dichtung, S. 83: ‚... fast möchte man an den Versuch einer Geheimschrift durch
einen Bücherwurm denken‘.

IV. Schlußbemerkung

Die Ergebnisse, die die Studien im einzelnen erbracht haben, brauchen zum Schluß nicht alle wiederholt zu werden. Im ganzen hat sich ergeben, daß die Heidelberger Otfridhandschrift, die in der Reformationszeit für uns zum ersten Mal ans Licht getreten ist, schon relativ früh von Weißenburg zur Reichenau gewandert sein dürfte, und zwar als Gegengabe für einen anderen Codex. Auf der Reichenau werden auch die zusätzlichen Eintragungen erfolgt sein, die Neumen, die Federproben, das Spendenverzeichnis, der Kicila-Vers und das Georgslied, alles zu unterschiedlicher Zeit, wie sich aus paläographischen Gründen ergibt. Die Weißenburger Heimat des Codex und das nahe bei Otfrid liegende Datum der Niederschrift der Evangelienharmonie sind nicht zweifelhaft. Die Neumen haben begreiflicherweise gerade das Interesse der Musikgeschichtsforschung, sind aber auch bemerkenswerte Gebrauchsspuren dieser Handschrift, wie es, freilich auf jeweils andere Weise, die Federproben, das Spendenverzeichnis und die übrigen Eintragungen sind. Das Spendenverzeichnis zwingt den Blick auf die ältesten erkennbaren Patrozinien in einem im weiten Sinne oberrheinischen, nämlich fränkisch-schwäbisch-burgundischen Übergangsgebiet, in dem die Reichenau eine besondere Stellung einnimmt. Der kaum lesbare Kicila-Vers ist umso deutlicher hörbar, in einer Versform, wie sie der bislang später vermutete ‚frühe' Minnesang zeigt, und mit der Verehrung einer hohen und unerreichbaren Dame, wie sie ‚hohen' Minnesang auszeichnen wird. Bei alledem kann die konkrete historische Bindung wahrscheinlich gemacht, wenn nicht gesichert werden. Die in der ersten Hälfte des 11. Jahrhunderts erfolgte Niederschrift des Georgsliedes ist am ehesten auf der Reichenau zu denken. Der Hohentwiel[1] wird da nicht zu bemühen sein, so ansprechend eine solche Hypothese zunächst auch erscheinen[2] mag. Die Vorlage des Georgsliedes wird schon alle relevanten Besonderheiten des Denkmals gehabt haben, die wiederum insgesamt auf die Reichenau weisen und sie in

---

[1] Sieh: W. Haubrichs, Georgslied und Georgslegende im frühen Mittelalter, S. 404: ‚Burkhard III. und Hadwig gründen auf der schwäbischen Herzogsburg Hohentwiel ein dem Haus- und Reichsheiligen geweihtes Kloster, für das sie anscheinend Reliquien aus Prüm erhalten. Es ist wahrscheinlich zu machen, daß der Eintrag eines in Prüm entstandenen Liedes auf den Heiligen in eine der hunfridingischen Herzogsfamilie gehörige Handschrift mit dem Georgskloster auf dem Hohentwiel zusammenhängt, das um die Jahrtausendwende nach Stein am Rhein verlegt wurde'.

[2] Man vergleiche die Hinweise auf ein noch ungedrucktes Manuskript von W. Haubrichs bei: H. Maurer, Der Herzog von Schwaben, S. 49 Anmerkung 84; 50 Anmerkung 89, 92; 51 f. Anmerkung 96, 97; 70 Anmerkung 192; 72 Anmerkung 212; 73 Anmerkung 221; 164 Anmerkung 236, 240; 169 Anmerkung 277; 176 Anmerkung 326.

keinem Punkt ausschließen können. Das nötigt zu der Annahme, daß eben diese Vorlage ebenfalls von der Reichenau stammt und dort im Gefolge der nach dem Jahre 896 aufblühenden Georgsverehrung entstanden ist, zum Ende des neunten oder zu Anfang des 10. Jahrhunderts. Sprachform, Legendenüberlieferung und Kult stimmen für die Frage des Georgsliedes bei genauerer Betrachtung besser zusammen, als man je annehmen konnte. Spekulationen um eine darüber hinausgehende Vorlage, die woanders hergekommen und früh zur Reichenau gelangt wäre, sind jederzeit möglich und ebenso müßig, solange überzeugende Beweisstücke und jeglicher Anhaltspunkt fehlen.

Register

Frauenlob (Heinrich von Meißen)

Leichs, Sangsprüche und Lieder. Auf Grund der Vorarbeiten von Helmuth Thomas herausgegeben von Karl Stackmann und Karl Bertau

1. Teil: Einleitungen, Texte / 2. Teil: Apparate, Erläuterungen, 1981. VI, 1112 Seiten in zwei Leinenbänden. (Abhandlungen der Akademie der Wissenschaften in Göttingen, Phil.-hist. Kl. III. 119/120)

Frauenlob, gest. 1318, ist einer der bedeutendsten Lyriker des deutschen Mittelalters. Die dunkel-manierierte Sprache seiner Gedichte gehört zum Eigenwilligsten, was der geblümte Stil hervorgebracht hat. Höhepunkte seines Schaffens bilden die Leichs, Meisterwerke der Dichtung wie der Musik.

Das Gesamtwerk Frauenlobs lag bislang nur in den gänzlich veralteten Editionen von der Hagens (1838) und Ettmüllers (1843) vor. Die Neuausgabe bietet die Gedichte unter Auslassung der von Helmuth Thomas für unecht erklärten Stücke in kritisch hergestellter Fassung. Der textkritische Apparat berücksichtigt neben der gesamten handschriftlichen Überlieferung auch die älteren Editionen. In den Erläuterungen sind inhaltliche, grammatische und textkritische Schwierigkeiten erörtert, überdies ist eine kritische Edition der Leichmelodien beigegeben.

Johannes Franck
Altfränkische Grammatik

Laut- und Flexionslehre. 1909. Neudruck 1971 mit Ergänzungen und Literaturnachträgen von Rudolf Schützeichel. XII, 336 Seiten, Leinen

Wort und Begriff „Bauer"

Zusammenfassender Bericht über die Kolloquien der Kommission für die Altertumskunde Nord- und Mitteleuropas. Herausgegeben von Reinhard Wenskus, Herbert Jankuhn, Klaus Grinda. 1975. 263 Seiten, kartoniert (Abhandlungen der Akademie der Wissenschaften in Göttingen, Phil.-hist. Kl. III. 89)

Hjalmar Falk / Alf Torp
Wortschatz der germanischen Spracheinheit

A. Fick, Vergleichendes Wörterbuch der indogermanischen Sprache, Band 3. 1909. 5. Aufl. 1979. IV, 573 Seiten, Leinen

Paul Kretschmer
Wortgeographie der hochdeutschen Umgangssprache

1918. 2., durchges. u. erw. Aufl. 1969. XVI, 641 Seiten, Leinen

VANDENHOECK & RUPRECHT · GÖTTINGEN UND ZÜRICH